労務不祥事の社内調査ハンドブック

弁護士 **横山 直樹** 著

JN026924

日本法令®

はじめに

　社会の耳目を集めた 2016 年の大手広告代理店の過労自殺の記者会見から、約 5 年が経過しました。長時間労働やハラスメントをはじめとする労務に関する不祥事が企業価値に深刻な影響を与えることについて社会の認識が変わり、企業の取組み・考え方に一定の変容はあるものの、残念ながら依然として、多くの企業の中で形を変えながら同種の問題が存在しているのが実態かと思われます。

　労務に関する不祥事は、**調査の開始、調査を踏まえた対応の実施の遅れ等**によって、**状況**（労働者の健康状態、企業価値の毀損の程度等）**が急速に悪化**するという性質を有するものです。

　上記のような社会情勢の中、会社側の代理人として、ハラスメントおよび長時間労働に関する問題を中心に多くの労務に関する不祥事の社内調査に参加し、その中で調査の方法について当職が考えたこと、とりわけ**早期の問題解決、早期の会社の意思決定のために、社内調査の担当者として最低限事実調査すべきことは何か**を中心にまとめたのが、本書です。

　労務に関する不祥事は多種・多様ですが、本書では、**性質上、類型的に企業価値を大きく毀損する可能性が高く、かつ、発生件数の多い**ハラスメント、過労自殺、未払残業代、情報窃盗を解説します。

　第 1 章では、労務不祥事における対応についての一定程度共通する考え方の視点および有効なヒアリングを実施するための考え方を中心に解説します。

　第 2 章では、社内調査実施後にどのような対応をとるかの視点を解説します。

　第 3 章・第 4 章で指摘するセクハラ・パワハラに関しては、セクハラでは**セクハラ特有の事実認定の留意点**、パワハラでは実務上争点になる**業務指導との関係をどう評価するか**に焦点を当て、解説します。

　第 5 章で指摘する過労自殺に関しては、対応を誤り、交渉相手であ

る遺族等との関係で信頼を得られないと、記者会見等につながり、ひいては企業価値の甚大な毀損につながります。

　過労自殺に関しては、①遺族対応、②訴訟対応、③労災課対応、④監督課対応、⑤マスコミ対応、⑥再発防止策の策定等の多様な事象が連続して生じますが、上記①～⑥の対応の前提としてどのような社内調査を実施し、どのような点に着目して、会社として意思決定を行うかを中心に解説します。

　第6章で指摘する未払残業代対応に関しては、残業代の発生が当該事業所の固有の運用等の個別の要因ではなく、制度の瑕疵に起因する場合には、1つの敗訴判決によって多数の訴訟提起や労働基準監督署による広範な遡及払いの是正勧告、合同労組への加入等につながり、企業経営上看過しえない重大なリスクになります。

　そのため社内調査では、リスクの度合い、具体的には①当該瑕疵の程度、②当該制度の適用範囲を中心に検証することが重要です。また、訴訟との兼ね合いからどのように制度を修正していくか、どう従業員に説明していくか、訴訟をどのように終わらせるか等を中心に解説します。

　第7章で指摘する情報窃盗、例えば製薬会社の新薬の研究に関するデータ等が持ち出され、転職先で不正に使用された場合には、今後の事業活動に甚大なダメージをもたらすことは、論を待ちません。本書では、訴訟等の事後的な対応ではなく、会社が情報窃盗に気づいた時点でどのような対応をすれば、情報の不正使用や拡散を最小限に抑えることができるかという点からの実務対応をメインに解説します。

　なお、本書は当職の一見解を示したものに過ぎず、当職が所属する事務所の見解とは関連性を有しないことをあらかじめお断りさせていただきます。

2021年10月

弁護士　横山　直樹

目　次

はじめに

第1章

社内調査の考え方

第2章

社内調査を踏まえた対応

第3章

セクハラ

第4章

パワハラ

第5章

過労自殺（長時間労働）

第6章

未払残業代

第7章

情報窃盗

凡　例

憲法	日本国憲法
労基法	労働基準法
労基則	労働基準法施行規則
労契法	労働契約法
労安衛法	労働安全衛生法
労安衛則	労働安全衛生規則
最賃法	最低賃金法
均等法	雇用の分野における男女の平等な機会及び待遇の確保等に関する法律
個人情報保護法	個人情報の保護に関する法律
判時	判例時報
判タ	判例タイムズ
労判	労働判例
労経速	労働経済判例速報

第1章

社内調査の考え方

本章では、労務に関する不祥事が生じた場合に共通する対応の視点、ヒアリングを中心とする社内調査の方法、事実認定、社内調査報告書の作成のポイントについて解説します。

第1節

基本的な視点

第1節では、社内調査時および対応時に共通する基本的な視点を解説します。

1　社内調査は何のために実施するのか

社内調査は、労務に関する問題が生じた際に当該問題についての会社としての意思決定、換言すればどのような対応をとるかを決めるための情報を収集するために実施するものです。適正な意思決定を行うには、十分な事実関係に関する情報が不可欠です。

本書は、適正な意思決定を行うために、

1　どのような**情報**を
2　どのような**方法**で調査し
3　どのような**記録**（書面）を作成するか

について解説するものです。

第1章～第2章では、1～3の点について**共通する事項**について解説し、第3章以下では、**不祥事の類型ごとに1～3の点**について解説をします。

2　関係者の精神状態を最も優先すべき

　不祥事対応を含む労務問題を検討する場合には、まずは**採りうる手段を複数挙げ**、それぞれの①メリット、②デメリット、③どのような利益が関連するか等を検証します。

　このうち上記の③について検討するに際しては、個別の事情にもよりますが基本的に、Ⓐ健康（安全配慮義務）・人権等、Ⓑ企業秩序・コンプライアンス、Ⓒ金銭の順に優先すべき価値となります。これにプラスして、Ⓓレピュテーション（評判）リスクやⒺ情報の問題等が生じます。

　労務に関する社内調査は、**基本的にはⒷのために実施しますが、Ⓐの利益と対立することが多くあり、その場合にはⒶを優先して進める**のがセオリーです。調査の実施によって、自殺や精神障害の発症等のさらに深刻な問題になっては意味がありません。

　例えば、セクハラ事案において、加害者とされる従業員がヒアリングの実施直前に診断書を提出した等の場合は、ヒアリングの実施によって問題となる事実を明らかにし、当該事実を理由に処分を実施し、企業秩序の回復を図るというⒷの要請（加えて被害者の就労環境の改善の問題）がありますが、基本的にはⒶを優先し、ヒアリングをいったん中断し、回復を待って再開すべきです。

　また、セクハラ加害者と疑われる従業員に対して自宅待機命令をかけて調査を実施する際には、最も重要なのは自宅待機期間中の賃金の支給義務の有無という金銭の問題（民法 536 条 2 項）（Ⓒ）ではなく、自宅待機の対象となった従業員の精神状態（Ⓐ）であり、金銭を払っているから何も問題が生じないとする考えは誤りです。

3　リスクの最大値・発生の可能性の検討

　社内調査では下記のような**リスクの最大値**の指摘に留まらず、当該リスクの**発生の可能性**も十分に検証することが重要です。

　また、社内調査で複数のリスクが明らかになった場合は、**全てのリスクに対して同時並行で対応するのではなく**、リスクの程度（発生した場合の影響の大きさ、発生の可能性）に応じてメリハリをつけ重要な部分から対応していくことが重要です。

　上記のリスクの発生の確度については正確に把握することは一般的には困難ですが、発生の可能性の低い事象を過度に重視して会社の対応方針を決定することは相当ではありません。

	通常想定されるリスク（最大値）	発生の可能性
セクハラ パワハラ （第3, 4章）	**対象者が精神疾患**、**自殺**、**記者会見**、訴訟、従業員の士気の低下、ブラック企業のレッテル、採用困難	事案により 異なる
過労自殺 （第5章）	**記者会見**、訴訟、労災、ブラック企業のレッテル	
未払残業代 （第6章）	（2〜3年分の残業代について）**集団訴訟、労働基準監督署による遡及払い**、合同労組、付加金（労基法114条）	
情報窃盗 （第7章）	秘密情報の不正利用、競争力の低下、**情報が不正に使用されたことによる他社や個人からの訴訟**、監督官庁からの行政指導・処分	

　考え方としては、当該事案で通常発生するリスクを網羅的に洗い出し（①）、各リスクについて発生した場合の影響を検討し（②）、その上で各リスクの発生の可能性を検討します（③）。③の発生の可能性

については、一般論ではなく、当該事案の事情を勘案して判断します。

4 レピュテーションリスクの検討

　対応を検討する上で留意すべきなのは、近時の労務問題に関する社会の見方の変化に伴い、ブラック企業とのレッテルを張られ、レピュテーション（評判）を毀損する可能性が大きいという点です。

　このため、社内調査時の意見および社内調査に基づく対応論では**法的な側面のみならず**、現在調査中の案件が記者会見等によって外部に出た場合を想定して、事業活動にどのような影響が生じるか等についても検討することが重要です。

　一般的には、第3・4章で後述するハラスメントや第5章で後述する過労自殺等についてはレピュテーションリスクが甚大であり、記者会見やインターネット動画の拡散によって企業がこれまで作り上げてきた社会的な信用を水泡に帰す可能性があることは論を待ちません。

　加えて、発生した不祥事が近時注目を集めている事項（働き方改革、新型コロナウイルス感染症）と関連性する場合には話題性（ニュースバリュー）があり、この点からも問題が大きくなる可能性があります。

　また、当該事象についての**先例がない場合**もニュースバリューが高くなり、レピュテーションリスクが高いと言えます。

　ただし、労務に関する不祥事が生じた際に絶対にやってはいけない対応は、外部へのリピュテーションリスクを恐れてまたは外部に開示することを従業員に示唆されたことを理由に、問題を起こす従業員を野放しにすることです。このような従業員を放置することで、他の従業員の就労環境が害され、会社に対するロイヤリティが低下することは明らかです。このような場合には、会社の対応に問題があった部分

については速やかに調査、是正し、その点とは別に当該従業員に対しては毅然とした対応をすべきです。

5　対応は2段階で検討すること

　社内調査は基本的には訴訟になった場合の見通しという法律論がメインであるところ、社内調査の結果を踏まえた対応論については、①**法律論、②実務対応論の2段階に分けて検討**すべきです。

　上記①は、法的有効性、違法か等ということであり、換言すれば訴訟になった場合に会社が勝てるかということです。

　上記②は、①を踏まえて実務としてどう対応していくかということです。他の従業員への影響、ロイヤリティ、他社動向、社会の目等が考慮要素になります。

　②は上記のうち、他の従業員への影響およびロイヤリティという労務管理の点がメインの考慮要素です。企業は集団的な労務提供によって事業を行い、利益を上げて分配をすることを目的とする営利集団であり、その点から従業員のパフォーマンスを最大化することが、労務管理の主眼になります。そのため、不祥事の対応を検討する際には、会社の対応について**他の従業員**がどう考えるか（パフォーマンスに影響するロイヤリティ、モチベーションが低下しないか）を検討することが重要です。

　上記①・②の点からは、訴訟で勝てても実務対応として一定の対応を実施しない場合、反対に訴訟で敗訴する可能性が一定程度ある場合でも、実務対応として実施することも検討せざるをえない場合もあります。例えば、企業外での犯罪行為を理由とする懲戒解雇について企業外非行であることや、犯罪の内容と事業内容との関連性等から有効性に一定程度疑義がある場合や、ハラスメントを理由にする解雇で、一定の証拠があるが訴訟で十分な立証ができるか一定の疑義があるよ

うな場合です。

　また、小規模な会社において問題社員の行動で業務が回らず、精神
疾患者が出ているような場合もこのような判断に直面します。

　訴訟に負ける可能性を意識しすぎるあまり、他の従業員の就労環境
や安全配慮義務の点に配慮を欠くことは、労務管理の点から、基本的
にはあってはならないことです。

第2節

社内調査実施の手順と勘所

1 論点の抽出

　労務に関する不祥事が生じた場合には、最初に以下のように第1から第3のステージに分けて、論点の洗い出しをし、スケジュール、**最終的に何を判断するか**を決定します。

　例えばセクハラであれば、次のような通常想定しうる事項を箇条書きにし、**何をいつまでに実施するか**等を決定します。

　重要なのは、**意思決定の対象から逆算して社内調査の内容を決定すること**です。例えば、次頁の論点整理メモでは、第3が意思決定の内容（対象）であるので、この意思決定をするに足る事実の有無を社内調査で確定することになります。具体的には、①**初期情報から典型的な論点すなわち意思決定の内容（対象）を把握し**（洗い出し）、②その上で、第3・1の懲戒処分であれば、まずは申告をベースに物証を検討し、その時点で認定できる事実を確定し、③その後にヒアリングで確定すべき事実を確定します。その上で、④ヒアリング事項案を作成し、ヒアリングを実施し、最終的な事実認定を行います。

書式 1-1　論点整理メモ

論点整理
甲支店のセクハラの件

第1　初動対応（〇日まで）
　1　自宅待機命令をかけるか（現時点でかけるか、本人のヒアリング後にかけるか）
　2　申告者（被害者）に産業医面談を実施するか
　3　関係者のカウンセリングを実施するか
　4　関係資料の保全（メール等）

第2　社内調査の実施（〇日から〇日まで、ただし〇の供述の内容によって変動もある）
　1　調査対象事実の確定
　　・基本的には申告をベースに
　2　物証の有無
　　・物証から認定できる事実及びヒアリングで認定すべき事実の検討
　3　ヒアリングの実施
　4　2・3に基づいて事実認定
　　・証拠の構造（直接証拠型、間接推認型）
　　・各供述の信用性の検討
　　　→特に、各供述に齟齬がある場合や変遷がある場合等
　　・事実認定
　　　→間接推認型の場合は①間接事実、②推認まで記載
　　・弁解について
　5　社内調査報告書の作成
　　・「必ず」記載すべき事項は何か
　　　→会社の意向を確認、事実認定のみか、懲戒の量定・人事異動・再発防止等まで記載するか

第3　対　　応
　1　懲戒処分
　2　人事異動を実施するか
　3　監督責任を問うか
　4　被害者に対する説明をするか
　5　被害者と示談を実施すべきか
　6　労災申請対応
　7　再発防止策

以　上

2　ヒアリングの事前準備

　不正調査の方法は、関連する資料の収集および分析と、関係者に対するヒアリングが両輪です。本書では、ヒアリングを中心に解説します。

　当然ですが、ヒアリングは**当時者の話を聞くだけの作業ではありません**。調査対象となる事実の解明のために、現時点の状況（証拠・事実関係）から**想定できる一定のストーリー（仮説）を想定**して、一定の意図をもってヒアリング実施者が事実認定のために発問する作業になります。

(1)　ヒアリングの順序

　事案によりますが、「申告者（被害者）→第三者→調査対象者（加害者）」の順で行うのが一般的です。これは、仮に調査対象者を十分な調査前にヒアリングをすると、①矛盾点等をその場で的確に指摘できない、②会社側の把握している事実関係、証拠を推知され証拠隠滅をされる等の可能性があるためです。

　そのため、まずは申告者のヒアリングで事案の全体をつかみ、**認定すべき事実を確定**します。

　その上で、認定すべき事実を、申告者の供述、第三者供述や物的証拠で認定できるか検討し、認定した事実を調査対象者の自白等で確認するということになるのが基本的な流れになります。

　重要なのは、**調査対象者にヒアリングを実施する「前」の段階で、物証、第三者ヒアリングの内容を精査**し、その時点でいったん事実認定をし、①他の供述証拠および物証から、調査対象者の自白なしでも、申告された事実が認定できる事案か（その場合は調査対象者の供述は**確認的な意味**になる、または量定に関する弁明になる）、②他の

供述証拠に信用性が欠け、または信用できる部分だけでは重要部分を認定できず、物証もなく、調査対象者の自白がない場合は、事実認定できない事案かを見極めることです。

図 1-1　調査対象者供述の位置づけ

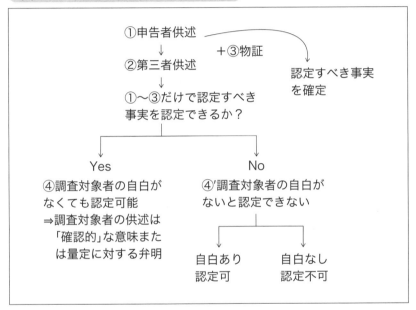

⑵　申告者の了解を得ておく

　ヒアリングの実施に際して一定の効果をあげるためには、申告された事実（セクハラの態様等）を、一定程度ヒアリング対象者に開示する必要があります。オープンクエスチョンで「ハラスメントがあったか知りませんか？」などと聞いても、有意な回答を得ることは通常はできません。

　ただし、ハラスメント等は被害者に心理的・肉体的負荷を生じさ

せ、企業秩序を侵害する許しがたい行為ですが、他方で深刻なセクハラ等の場合は申告者（被害者）の同意なくヒアリングを進めることで、**かえって被害者が強い心理的負荷を受ける**ことが想定されますので、必ず事前に開示する情報の内容、人的範囲について説明し、同意を取得すべきです。

(3)　ヒアリングの人数

ヒアリングを実施する人数が多すぎると、「威圧されて自白したが、真意ではなかった」ので、当該自白では事実認定できない等と訴訟等で主張されます。

他方で、ヒアリングを実施する人数が 1 人だと「供述を強要された」等と主張された際に**そのような事実がなかったことを証明できない**ので、一対一は絶対に避けるべきです。

この点は、**特に調査対象者（加害者）のヒアリングの際**によく問題になります。

また、人数はもちろん、ヒアリング実施者の年齢・立場・性別や時間の配分等にも十分に留意して、心理的負荷を可能な限り低減する措置（広くて窓のある部屋、十分な休憩時間、水等の飲み物、**医師・保健師の同席、事後的なカウンセリング等**）を採ることも重要です。

(4)　ヒアリングの参加者

不正経理や残業代の不正請求等、会社の制度やシステムについて一定の理解を要する場合には、**不合理な弁解をその場で遮断**する等のために事前にレクチャーを受けた上で、会社関係者の同席を依頼する場合もあります。

なお、一般論として上司は監督責任を問われる可能性、部下は上司との関係から真実を話しがたいことから、ヒアリングは上司・部下は

別に実施します。

　また、調査対象者が女性の場合には「このような態様でのヒアリング自体がセクハラだ」「ヒアリングで体調が悪くなった」等の主張を防ぐため、男性だけでのヒアリングは避けるべきです。

⑸　キーマンは対面で実施

　新型コロナウイルス感染症の影響等で、近時は WEB でヒアリングを実施する場合も多くなってきましたが、上記の認定すべき事実について供述し、**訴訟になった場合に証人尋問が予想されるキーマン**となるヒアリング対象者に関しては、供述の信用性を厳密に確認するために、可能な限り対面でヒアリングを実施することが望ましい場合もあります。

　また、WEB で実施した場合には、記憶ではなくメモ等を見ながら話す、画面外に助言者がいる等の事象も想定できるので、この点からもキーマンについては、対面で実施するのが相当です。

　なお、キーマンが転職や定年で退職する場合には、ヒアリング時に退職後に訴訟になった場合における協力を約束しても、通常は実現しないことが多いことから、退社前に可能な限り訴訟を見越して録音や十分な陳述書等を作成しておくのが相当です。

　加えて、後述のようにヒアリング実施時には会社側が録音を実施する場合がありますが、ハラスメント等の無断で開示された場合に被害者の被る心理的負荷が高い情報を含むヒアリング、情報の持ち出し等の際の企業秘密を含むヒアリングの場合等には、ヒアリング対象者による録音は絶対に認めないのが原則的な対応です。しかるところ、WEB で実施する場合には、**現実的には無断録音自体を禁止することが容易ではありません**ので、この点にも十分に注意しながら方法を選択すべきです。

⑹　産業医等の力を借りる

　セクハラの被害者や、仮に非違行為等が認定できる場合には解雇の可能性の高い加害者、または過労自殺等で同僚が死亡している場合の関係者等に対するヒアリングは、**ヒアリング対象者にとって極めて高度な心理的負荷をかけるもの**であることが通常ですので、ヒアリングの前に産業医にヒアリングの実施が可能かの意見を聞き、またヒアリング後には、必ずカウンセリング等によって事後の体調確認を実施すべきです。

　場合によっては産業医や保健師をヒアリングに同席させることも検討します。

⑺　ヒアリングの環境

　ヒアリングに集中してもらうためになるべくモノが少ない部屋にし、かつ窓のある部屋にするのが望ましいと言えます。

　また、事案によりますが、通常弁護士等による従業員へのヒアリングは心理的負荷が高いので、とりわけ申告者等に対しては、弁護士があらかじめ質問事項を作成した上で、弁護士等ではなく、性別や年齢等を勘案して選出した社内の話を聞きやすい人事部員等を中心に実施してもらい、弁護士は同席して必要な点だけ補足的に確認する等の方法も検討に値します。

⑻　ヒアリングの時間

　事案によりますが、基本的には1日に2時間を目安にすべきです。長い場合には、後に「精神的に疲弊して迎合的な供述をした」等の主張を許すことになります。ヒアリング時にはこの点について何ら指摘せず、事後的にこの点を指摘されることが多くありますので十分に留

意すべきです。

　また、供述の任意性に疑義が生じないように、1 時間に 1 回程度は適宜休憩をとることの意向を確認することが適切です。

3　ヒアリング時のポイント

(1)　録音は事前に同意の取得を

　録音した場合には聞き返すことが可能になり、正確な事実認定に資するばかりか、ヒアリング時に不適切な言動があった、脅された等のクレームからヒアリング実施者を守る機能もあります。

　この点、無断録音されたテープの証拠能力については、比較的緩やかに解釈する裁判例[1] が存在しますが、実際には秘密録音をした場合に人格侵害やプライバシー権侵害等を理由として損害賠償責任を負う可能性を否定できないことや、また**会社が無断録音していたこと自体が一定のレピュテーションリスクを生じさせる可能性がある**ことから、実務上は同意を得てから録音をすることが適切です。

　ヒアリング対象者（特に調査対象者）からも録音の許可を求められ

---

[1]　例えば、東京高判昭和 52 年 7 月 15 日判タ 362 号 241 頁では、録音の手段方法が著しく反社会的な場合、盛岡地判昭和 59 年 8 月 10 日判タ 532 号 253 頁では、入手方法に強度の違法性がある場合に限って、証拠能力を否定するとの考え方を示した。

　近時では学校法人関東学院事件・東京高判平成 28 年 5 月 19 日判例集未掲載では、学校法人が設置し、**委員に守秘義務が課されている**ハラスメント防止委員会の審議（**非公開で録音しない運用となっている**）における委員の発言を何者かが録音したというものであるところ、裁判所は当該事案において、録音媒体の証拠能力を否定しているが、あくまでも上記の事案の特性を踏まえたものであり、裁判例の傾向が変わったとまでは評価できないものと思われる。

る場合が多いですが、①話の内容が社内での不祥事という開示された場合に影響が大きい内容であること、②企業秘密や他の従業員の個人情報を含むことがあること、③調査の実効性の点（録音が仮に関係者に開示された場合には調査に重大な支障が生じる）、④その他に録音を認める合理的な事情がないこと等から、原則としては拒否するのが一般的な対応です。

　ヒアリング対象者による録音を認めないと回答した際に、ヒアリング対象者がヒアリングに応じないと主張する場合があります。このような場合でヒアリング対象者が第三者ではなく調査対象者の場合は、ヒアリングを拒否したとして、その余の証拠（調査対象者以外の供述等）から事実認定する旨を説明して、実際にそのように事実認定することも検討に値します。

　ただし、この場合で、前節の調査対象者の供述で自白がないと核となる重要な事実が認定しえない場合は、実際問題として録音を許可せざるをえない場合も想定しえます。なお、仮に、録音を許可した場合でも弁護士等の守秘義務を負っている者に開示範囲を限定するように指摘すべきです。

書式 1-2　ヒアリングスケジュール

甲氏のヒアリングスケジュール案

第1　前　　提
・録音の同意
　→正確に事実認定したいこと等から録音の必要性を説明。
・メンバーの紹介
・守秘義務の確認
　→企業秘密や他の従業員の個人情報等を含む内容であることや、調査の
　　実効性の確保の点から必ず誓約をさせる。
　→誓約したことをテープに入れる。
・真実を話してほしい旨の説明
　→正確にリスクの程度を把握したいので会社に有利なことも不利なこと
　　もありのままに述べてほしい旨を指摘。
・正確に事実認定したいので、①記憶にないことは記憶にないで問題ない
　こと、②自分が直接体験した話と人から聞いた話（伝聞）を分けてほし
　いこと、③推測で話をする場合は推測であると事前に言ってほしいこと
　を説明
・関係者への接触禁止
　→特に調査対象者、関係者への圧力等の調査妨害の場合は別途の処分対
　　象になることを指摘。
・体調の確認
　→体調が悪い場合はヒアリングを中止することを告げる。

第2　ヒアリングの実施
・ヒアリング対象者自身について
　→事実認定の対象となる事実を直接見たのか、誰かから話を聞いたにす
　　ぎないのかや、利害関係の有無・内容等の信用性に関する事実を聞く。
・事実関係について
　→事前に作成したヒアリング事項案を使用。
・質問や話したいことを最後に自由に話してもらう

第3　最　後　に
・ヒアリング録、供述録取書等にサイン
　→後述の書式を使ってその場で作成。
　→弁護士が最後に供述の要旨を読み上げて1人称にするケースもある。
・守秘義務を再度確認

以　上

⑵　ヒアリングの進め方

　ヒアリングは 1 問 1 答にし、必ず問いにストレートに答えさせることが重要です。**論点のすりかえを許してはならず**、質問と答えがズレたら、基本的にはいったんそこで止めます。

　また、複数名で対応する場合でも、主任を決めて主任が一通り聞いた段階で、他のメンバーに他に聞くことがあるかを聞きます。五月雨式で聞くと、①ヒアリング対象者に**言い訳を考える時間を与え**、かつ、②対象者が誤った回答をすることや、「あの際は違う質問に回答した」等の主張を許すことになるからです。

⑶　客観的な事実を先に聞く

　基本的に認定したいのは客観的な行為であり、かつ主観を聞くと無駄な話になりがちです。

　そのため、まずは客観的な事実（行為・結果）を一通り聞いた後、当該行為時点の主観（何を考えていたか等）を聞き、客観的な事象と整合しない主観についての整合しない合理的な理由の有無を聞いていきます。

⑷　前後の具体的な状況を聞く

　真実であれば、通常その際の具体的な状況の供述が可能なはずですので、認定すべき事実のみならず、前後の事実関係やその際の詳細等も聞きます。

　前後を聞いて**事実の流れに違和感**があり、この点をヒアリング対象者に確認（通常の流れと異なる理由等）して、この違和感を払拭する事情が出てこない場合には、後述の供述内容の合理性の点から信用性に疑義があることになります。

⑸　具体的な事実を聞く

ヒアリングでは評価ではなく具体的な事実を聞くことが重要です。

例えば、「無理やり」ではなく、どういった言動があったから「無理やり」だったかを聞きます。

例 1

☞**不十分な例**

　上司である甲に 2 次会で「無理やり」キスをされた。

☞**十分な例**

　午後 10 時 20 分、会社から 2 キロ離れた会員制バーで、甲と女性の部下である乙が 2 人で、2 次会をしていた。乙が「電車がなくなるので、もう帰らせてください」と言った際に、甲が「まだいいじゃないか、何ならうちに泊まってくのもいいんじゃない」等と述べ、急に右手で肩を寄せてキスをした。乙はキスをされた際、振り払おうとしたが、甲が体を寄せたので、離れることができずに約 5 秒～10 秒にわたりキスされた。

　その後、乙は、甲と店の前で別れ、帰りのタクシーの中で同期の丙に相談の LINE を送った。

例 2

☞**不十分な例**

　新人介護職員甲は、上司である乙に「辞めてしまえ」と怒鳴られた。

☞**十分な例**

　新人介護職員甲は二日酔いの状態で介護業務に従事し、その結果、高齢者である利用者を転倒させるというミスをした。

　その際、甲から報告を受けた乙は、「人の命を預かっているっているんだから、もっと自覚をもって仕事をしろ。その自覚がな

い人間は、この仕事は向いていない」と 1 階の事務室で言った。

　乙の声の大きさは、1 階で介護を受けた利用者には聞こえたが、他方で、その際に 2 階で就労していた同僚職員丙には聞こえない程度であった。

　また、可能な限り、「形容詞」ではなく「数字」で回答を得ることが重要です。

例 3

NG　「長い時間」肩に手を触れた

OK　「約 2 分程度」肩に手を触れた

(6)　口裏合わせへの対応

　ヒアリングで複数人から**細部まで全く同じような供述**が出てきた場合には、口裏合わせをしている可能性が高いので注意が必要です。

　そのような場合には、意図的に虚偽を述べた場合の以下のようなサンクション等について説明し、また口裏合わせできる部分は限られているので、前後関係等を深堀りして詳細に聞き、この点から矛盾点を指摘します。

　また、同じ内容の質問を、角度を変えて質問し、違った回答をした場合には、その点を指摘することもあります。

・意図的に虚偽を述べたこと自体が懲戒事由になること

・虚偽の事実で会社が判断を誤ると、加害者とされる従業員の人生を壊すこと（虚偽のセクハラの申告の場合等）

・訴訟になった場合に証人尋問の可能性があること

(7)　周りの事実から聞くこと

　最初から重要な質問をしても、話す人は基本的にはいませんし、また否認された場合に追究が困難です。否認されそうな事実は周りの事実から聞き、周囲の事情や経緯等の重要な間接事実を聞き外堀を埋めた後で、主要な事項に関する質問をすることがポイントです。

　例えば、ある会社の営業部（10 名）で共有サーバー内の顧客に関する重要なファイルが 1 つ消えたとします。その場合は、以下のように聞きます。

> ・当該従業員の 1 日の業務の流れ、どの時点で PC 作業があるか
> ・当該ファイルを見るまでのプロセス（どんな画面で何をクリックするか）
> ・共有サーバーのデータの保管状況
> ・当該共有サーバーにアクセス可能な者
> ・業務で当該共有サーバー内のファイルを使う頻度、最後に使った時期（消えた時期との近接点）
> ・当該ファイルを実際に見たことがあるか
> ・PC スキル（自身、他のメンバー）
> ・PC 等に関する過去のミス・指導の有無
> ・会社からの質問に対してこれまでどのように回答したか

　上記の質問をし、当該ファイルに触れることが可能であったこと、PC スキルに問題があったことや、他のメンバーでは想定できないことを固めた後に、最後に本人が消した可能性について質問します。

　消したことを認めた場合は次に過失か故意かを質問し、過失と回答した場合には上記の質問に対する回答との整合性を検討します。

4　調査対象者（加害者）のヒアリング時の留意点

(1)　訴訟で重要な証拠になる

　調査対象者に対するヒアリングは、録音し、訴訟において①事実関係を認めた供述、②不合理な弁解をした供述（それゆえ調査対象者の供述が全体として信用できない）、③社内調査時と訴訟時において変遷がある供述（それゆえ訴訟時における供述は信用できない）として提出することがよくあります。

　そのため、訴訟で提出することに備え、供述の任意性を欠くと評価される可能性を高める発問等は避けるべきです。

　また、話す内容についても、基本的には不要な話をせず、かつ表現内容にも十分に留意することが重要です。

　当然ですが、調査対象者からの挑発に乗る、議論をする、煽る、揚げ足をとる等は厳禁です。

(2)　調査対象者に対するヒアリングの意義

　調査対象者に対するヒアリングの目的を「非違行為を認めて反省させること」にあると認識している人もいますが、誤りです。

　あくまでも不祥事の全体像を把握することや、事実認定に目的があります。

　また自白をするように質問をしますが、合理的な聞き方をしても自白が取れない場合は基本的に誰がやっても取れないので、その点を見極め、**無理に自白に取りに行くのは絶対にやめるべきです**。自白を強要された等として新たな紛争を生むからです。

　自白が取れないなら、本章第4節の他の直接証拠からの認定、他の

間接事実からの推認による認定に切り替えて検討し、難しければ認定できないとの結論を出すほかありません。

　他の証拠から認定すべき事実が十分認定できる場合、自白が取れなくても基本的に問題なく、不合理な弁解をさせて、信用性を落とさせるだけで足ります。

(3)　弁明の付与は別に

　加害者と申告された従業員から話を聞くヒアリングと、懲戒処分等を実施する際（とりわけ重い懲戒処分の場合）の弁明は、別に実施する必要があります。前者は事案解明のために協力を依頼するもの、後者は懲戒処分の対象となる従業員の**防御の手続を与える**ために実施するものであり、目的を異にします。

　後者については、これまで社内調査から認定した**具体的な事実（可能なら処分の重さも）**を示し、その上で当該事実関係の認否および量定について、言い分を聞くことになります。

　弁明は事実調査ではないので、こちらが示した事実を何ら根拠なく否認しても証拠を示して事実を認めさせたり、反省の態度が何ら看取できなくてもその点を指摘したりする必要性はありません。

　弁明の際に、これまで調査していない新たな弁解が出た場合には、①その内容、②証拠の有無・内容、③これまで言わなかった理由を聞いて、時間の許す限りでその点の追加調査を実施します。

　なお、セクハラ行為等の場合は被害者のプライバシーの問題が生じますが、後述の裁判例のように防御権の点からは、**被害者を特定しない、セクハラの具体的な内容を全く示さない**等の場合は調査対象者の防御が困難であり、弁明を付与したことにならないと評価される可能性が高いことには留意すべきです。

　弁明の際には調査対象者から事実認定のプロセス（誰のどんな供述から、どんな事実を認定したか、供述の信用性をどう判断したか等）

について説明を求められることがままありますが、①開示しないことを前提にヒアリングを実施しており、開示した場合には今後当該企業でヒアリングを実施する際に誰も話さなくなり、②さらには人間関係の悪化や、供述者への圧力が想定しえ、かつ、③事実関係を明示すれば十分に防御可能ですので、不要と解すべきです。

※　弁明の実施義務

　　就業規則等で弁明の実施を義務付けている場合には、これを経ない場合にはこの点から無効と評価される可能性が高いと言えます。

　　就業規則等に記載がない場合でも、重い懲戒処分を実施する場合には、実施することが処分の有効性（労契法 15 条）を高めるので、実施することを検討します。

　　なお、普通解雇の場合は懲戒手続ではありませんので、法的にはこれを経ないことで有効性を否定されることはありませんが、重い処分である以上、上記の場合と同様、処分の有効性（労契法 16 条）を高めるために実務上実施することもあります。

※※　日本 HP 社セクハラ解雇事件・東京地判平成 17 年 1 月 31 日判タ 1185 号 214 頁

　　同事件では、懲戒解雇処分と**ほぼ同時**に行ったやりとりについて、これをもって弁明の機会が付与されたと評価しました。しかし、事前に懲戒対象となる事実を告げた場合には被害者に圧力をかけることが容易に想定できた等の特殊な事情があった事案であり、かつ、1 つの地裁判決に過ぎません。懲戒解雇の有効性に係る訴訟を有利に進めるためや、追加調査を実施する気がなかったと評価されないために**処分と同時ではなく、調査対象者がヒアリング後に、自身の考えをまとめるに足りる一定の期間を付与をする**ことが実務上は適切です。

※※※　辻・本郷税理士法人事件・東京地判令和元年 11 月 7 日労経速 2412 号 3 頁

　　就業規則に「懲戒を行う場合は、事前に本人の釈明、または弁明の機会を与えるものとする」との規定があり、被処分者が顧問弁護士による事実調査では就業規則記載の弁明に該当しないと主張したところ、裁判所はこれで就業規則の弁明に該当すると判断し、この点から懲戒処分が無効になることはないと判断しています。

　　しかし、同事案は、弁明の「方法」について何ら規定がなかったところ、①被処分者が事実関係を争っており、量定についての弁明を実施しても新たな弁明が想定されなかったこと、②最も軽い戒告処分が選択されている点が上記判断に実質的に影響した可能性があるという特殊事情がある事案ですので、やはり上記のように**別途に弁明を実施することが懲戒処分の有効性に関する訴訟を見据えた対応としては相当**です。

※※※※　京都市（北部クリーンセンター）事件・大阪高判平成 22 年 8 月 26 日労判 1016 号 18 頁

　　本件では以下のように、弁明の機会を与える義務があるとの解釈を前提に処分の理由となる事実を具体的に告げて弁明の機会を付与していないことを理由に、懲戒免職処分が無効と判断されました。地方公共団体の事案ですが、判決文上、特に地方自治体の特殊性を考慮した判示はなく、民間企業でも別異に解する特段の事情がないことから、民間企業でも同様に考えるのが相当です。

　　「上記セクハラ行為については、**行為の相手方、控訴人のした性的関心に基づく発言や性的交渉を求める発言の内容が具体的に特定されておらず、時期**についても 3 年以上の期間が示されているだけで十分な特定がされていない点で問題がある。とりわけ、本件が懲戒免職処分という重い処分が問題となっていることからすると、特段の事情のない限り、**処分の理由となる事実を具体的に告げ、これに対する弁明の機会を与えることが必要**であると解されるが、処分の理由となる事実が具体的に特

定されていなければ、これに対する防御の機会が与えられたことにはならないから、これを処分理由とすることは許されないというべきである。」

⑷　調査対象者のヒアリングの流れ

実務上、「被害者に直接謝りたい」等と述べる調査対象者がいますが、別の紛争に発生する可能性から、ヒアリングの前の被害者への直接の接触は絶対に禁止であり、別途懲戒処分の対象になることを明確に指摘します。

その上で、調査対象事実を聞きます。あくまでも感覚ですが、調査対象者に対するヒアリングで被害者や第三者の供述に一定の合理性・詳細性がある場合で、①調査対象者が**単純否認**（単にやっていない、知らない、覚えていない等）の場合は、対象事実は認定できるのが一般的かと思われます。

他方で、②納得のいくような説明がある場合には、当該説明の裏付けの証拠を提出させ、その上で当該証拠をふまえて信用性を検討します。

また、③およそ合理性のない弁解をした場合には、**弁解を早期に遮断するのではなく**、調査対象者の供述が**全体的に**信用できないことを訴訟において裁判官に示すために、5W1Hで詳細を聞き、**内容を膨らませて**記録化します。その上で弁解を固定した段階で、客観証拠がある場合はそれを開示し、前述の不合理な弁解を構成する事実を撤回するかを聞きます。撤回する場合には、先ほどの供述が虚偽であることを認めさせ、その上で虚偽を述べた動機をききます。他方で、撤回をしない場合には当該矛盾する証拠の意味内容をこちらから説明し、その上で再度（さらに不合理な）弁解をさせ、記録化します。

なお、調査対象者がヒアリング中の供述書作成の後に内容の訂正の申立てをした場合は、後の訴訟に備えて供述の任意性を担保するため

に前の供述書を履歴付で修正し、バージョンを残して訂正します。これによって、訴訟で変遷した書類を出すことで、自分の意志で十分に考えて作成したことを立証し、後の訴訟等で「この書類は書かされたもので本意ではなかった」等の主張を封じます。

　加えて、事実認定の適切さ・信用性を高めるために調査対象者の弁解を潰すだけではなく、**自身に有利な供述者がいる、証拠がある等と申し出た場合は時間の許す範囲で必ず確認をすべき**です。

5　ヒアリングの諸問題

(1)　ヒアリング拒否時の対応

　ヒアリングを拒否された場合には、有効な調査が実施できず、調査結果の信用性に疑義が生じかねないこと、1人について拒否を認めると他の拒否者を生む可能性が高いことから、社内調査の必要性および対象者の供述の重要性等を説明し、応じるように要請します。

　応じない場合には書面で業務命令を出し、それでも応じない場合には、①応じない理由（多忙、健康上の問題等）、②当該対象者と社内調査対象事実との距離（知っている可能性が高いか）、③役職（管理職は協力義務の程度が高い）、④応じない回数等を勘案し、一定の場合には業務命令違反を理由に懲戒処分等を検討します。

(2)　健康状態を理由としてヒアリング拒否

　上記(1)のような場合でとりわけ調査対象者が精神不調を訴えてヒアリングを拒否する場合が多くありますが、このような場合には安全配慮義務の点から、ヒアリングは体調の回復を待つほかありません。

　ただし、その場合でも他のヒアリング対象者との公平性の点等から必ず診断書の提出を指示し、場合によっては産業医面談を指示します。

(3)　弁護士の立ち合い

　調査対象者から弁護士の立ち合いの許可を求められることが多くあります。しかし、そもそも社内調査という民事上の事柄についてこのような権利は法律上特段ないこと[2]、ヒアリング前に法的なアドバイスを受ければ防御の点からは十分であることから、立ち合いを認める必要は全くありません。会社が立ち合いに応じない場合にはヒアリングに応じない旨を主張するのであれば、単純に上記のヒアリング拒否と同様に扱えば足ります。

　ただし、精神的に不調な傾向があり立ち合いがないと話せないような場合や、当該ヒアリング対象者の供述の重要性から真相解明のためにこのような形でもやむなくヒアリングの実施を優先すべき場合等は、例外的に認めることも検討します。

(4)　問いに答えない場合の対応

　調査対象者が明確な回答をしない場合には、1つひとつ事実を分解して、当該事実毎に○か×で回答してもらい、異なる箇所は実際にはどうだったか、認める場合は正当性を基礎付ける事情の有無およびその内容等を質問します。

---

[2]　なお、刑事被告人には弁護人依頼権が認められているが（憲法34条前段、37条3項）、①そもそも同条は選任が権利である旨を指摘するに留まり、同条ですら立会権を認めておらず、かつ②ヒアリングを実施する会社と従業員というあくまでも私人間の議論であり、国家と私人の関係を規律する憲法の問題は基本的に生じない。

　なお、実際には、言い分を聞くことは通常時間を要するので、**最初に全ての事実について〇か×を聞き、その後に正当性を基礎付ける事情（言い分）を聞くことも時間の点からは相当な場合もあります。**

　例えば、パワハラの事案で調査対象者が明確な回答をしない場合には、以下のように区切って質問します。

認定すべき事実	〇・△・× （一部×の場合は、△とし、その点を明示させる）	〇の場合は当該行動の正当性を基礎付ける事情・理由
甲部長は、2021 年 1 月 21 日に部下の乙に対して「遅刻したの、今週 3 度目、新人以下だぞ」と述べた。	〇 （左記の事実を全て認める）	3 度目であり、前回の遅刻の際に他の社員が乙の代わりに仕事をする等の業務上の支障が生じていた。
その後、乙が「ちゃんと、部長より仕事はできてるんだから、遅刻ぐらいでガタガタ言わないでくださいよ」と述べたので、甲部長は肩を拳で 2 度叩いた。	△ 「拳」を使用した以外は認める。使用したのは手の平。	
甲部長は叩いた際に、「なんでそんななめた口のきき方をするんだ。ふざけるな」と言った。	× 「会議室で話をしよう」と言ったにすぎない。	

書式 1-3　供述録取書

供述録取書

〇年〇月〇日
〇〇法律事務所　弁護士　〇〇
同　　△△

　貴社〇オフィスで就労している派遣従業員甲（以下「申立人」）が所定労働時間中に調査対象者である貴社従業員乙（以下「被申立人」）から身体や年齢に関する侮蔑的な言動を継続的に受けた等と申し立てた件（以下「本件」）につき、当職らが第1記載の条件のもと、被申立人に実施したヒアリングにおける被申立人の供述内容は下記のとおりです。

記

第1　事情聴取の日時等
　1　日　時　〇年〇月〇日〇時から〇時
　2　場　所　貴社〇オフィス第2会議室
　3　聴取者　〇〇および△△

第2　事情聴取内容
　1　申立人と被申立人の接点について
　・業務上の接点について
　・業務外の接点について
　2　本件について
　・被申立人が申立人に最初に侮蔑的な言動を行った時期・内容
　・上記の他、申立人に侮蔑的な言動を行った時期・内容
　・他の従業員に対しても侮蔑的な言動を行った事実
　3　本件以外の被申立人の言動
　・通勤経路を変えたにもかかわらず交通費を従前どおり支給を受けていること

以上、私が説明した内容に間違いはありません。
　なお、私は上記の質問内容および回答内容等について、一切開示しないことを誓約します。

〇年〇月〇日
被申立人　□□
以　上

　供述録取書はヒアリング時にその場で作成し、完成した供述録取書は、**その場で確認をさせて、署名押印**をもらいます。その場で完成させ、あとで訂正したいと申し出た場合は、別の訂正バージョンを作成します。

　また、最後の頁に署名をもらいますが、供述録取書が複数枚にわたる場合には、中身を見ていない、一部差し替えられた等の主張を防ぐために、その頁ごとに署名をもらいます。

　このほか、ヒアリング実施者が最後にヒアリングの要旨を読み上げて、それを 1 人称でまとめて陳述書の形にしてサインさせる場合もあります。

第 3 節

事実認定の考え方

　以下では、労務に関する不祥事で重要となる「ヒアリング」で事実認定を行う場合の基礎について解説します。

　ヒアリングでは、認定すべき事実について質問することはもちろんですが、信用性に関する質問、換言すれば当該ヒアリング結果（供述）によって事実認定をしても良いか（訴訟になった際に裁判官も同じ判断をするか）のための質問も必ず実施します。

　具体的には、後述のように供述の信用性は客観的証拠により認定できる事実との整合性（整合しない場合には整合しない合理的な理由の有無・程度）、内容の合理性、虚偽供述をする利害関係の有無等で判断しますが、この点をヒアリングでも十分確認します。

1　4つのポイント

　事実認定における重要な点は、以下の4つです。

(1)　物は証拠としての価値が高い

　物証は特段の事情がない限り、物証記載のとおり事実認定して問題ありません。

　例えばパワハラの事案で言えば、パワハラの現場を撮影したスマホ動画や録音データ、加害者が被害者に送ったメール等の場合等です。

　ただし、他の客観的な証拠と整合しない場合には、その理由の有

無・内容を確認します。

　また、改ざん・捏造が可能な場合はその可能性も検討し、疑義がある場合には作成名義人をヒアリングして作成のプロセスを確認し、訴訟を見越してその点を陳述書にします。

信用性

（高い）

　　・物　　　証

　　　　　　　・第三者供述

　　　　　　　・当事者供述

（低い）

---

(2)　供述の信用性

　供述の信用性は、個別の事案ごとにポイントが異なりますが、基本的には、以下の❶～❺の点を検討します。

供述の信用性のメルクマール

❶　客観的証拠により認定できる事実との整合性

❷　供述内容の変遷

❸　供述内容の具体性

❹　供述内容の合理性

❺　利害関係

---

❶　客観的な証拠により認定できる事実との整合性

　❶は、他の客観的な証拠や信用できる供述証拠から認定できる事実と供述内容とを比較して、相互に矛盾が存在するかという観点から、供述の信用性を検討します。

　齟齬があった場合は、この点を確認し、当該齟齬を合理的な理由を

持って説明できるかを確認します。

　矛盾せず、むしろ当該供述と整合する証拠がある場合には、裏付けとなる証拠の客観性（証拠としての強さ）、裏付けのある範囲（一部か全部か）を検討します。

❷　供述内容の変遷

　❷は供述の内容に変遷がある場合に、当該変遷について合理的な理由の有無を検討し、供述の信用性を検討します。

　重要な事実について供述内容が変遷しており、当該変遷について合理的な理由がない場合は、当該供述の信用性は否定されます。

❸　供述内容の具体性

　供述に具体性、迫真性等があるかという点から供述の信用性を検討します。実際に体験していない事実を供述する場合は具体的な事実の指摘がなく、抽象的な説明になることが一般的であるため、この点を確認します。

❹　供述内容の合理性

　供述の内容が通常の成り行きや通常の行動などに合致しているかという点から供述の信用性を検討します。

　両当事者の供述が相反する場合でも、一部の供述部分が一致するのが通常です。その場合は、まずは相反しない部分を事実として認定し、このような認定事実から両当事者の供述のいずれが事実の流れとしてより自然であるかを検討します。

　例えば、令和3年1月10日に職場の飲み会の2次会の居酒屋で、隣の席に座って腿を触ったとの申告があった場合、以下のように©と@・⑥のいずれが事実の流れとして自然かを検証します。

ⓐ申告者 　（被害者）	触った。
ⓑ調査対象者 　（加害者）	触っていない。
ⓒ相反しない 　部分	・令和 3 年 1 月 10 日に職場の飲み会の 2 次会に 2 人が参加した事実 ・2 次会では隣に座った事実 ・2 次会終了の時点で、調査対象者が酩酊していた事実 ・肩を触った事実 ↓ ⓐⓑどちらの供述が上記で相反しない事実である「経緯」と整合的か

❺　利害関係の有無

　調査対象者または調査対象事実と何らかの利害関係を有する場合には、通常は高い信用性を肯定しえません。

　虚偽供述は、場合によってはそれ自体で懲戒事由や普通解雇事由にもなることから、通常はそれほどありませんが、社内不倫のもつれによるセクハラの主張等の場合には、このようなこともまれにありますので十分に留意する必要があります。

　ヒアリング時には冒頭で、付き合いの長さや職場以外の私的な交流の有無、グループの有無等を確認します。

※挙動を重視しない

　ヒアリング時の対象者の挙動（言葉を濁した、沈黙した等）から嘘を言っている、信用できないというのは「感覚」としては十分理解しうるところです。

　しかし、①この点は、通常適切に記録することが困難であり、かつ②訴訟を見据えた場合には、裁判官がこの事実を供述の信用性を検討する上で重視しない可能性が高いこと等から、このような事情に過度に依存して信用性を検討することは基本的には相当ではありません。

⑶　自白がある場合

　申告者の申告した事実関係（認定すべき事実）を、調査対象者が全て認めている場合で、①客観的事実または客観的な証拠との不整合（犯行態様が全く異なる、被害金額が全く異なる等）がなく、②自白

図1-2　フローチャート

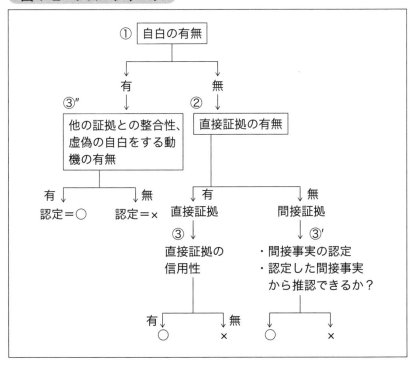

内容が不合理なものではなく、経験則に反せず、③自白に至った動機、理由に合理性がある場合には、自己に不利益な内容を認めている以上、一般的に虚偽である可能性は低いので、そのまま事実認定しても基本的には差し支えありません。

　この場合は（とりわけ重い処分をする際は）訴訟に備えて、自白をした対象者に事実関係を記載させた顛末書を提出させることも重要です。

　一部否認をしている場合には、自白の限度で事実認定をし、自白のない部分は他の証拠から事実認定します。

⑷　自白がない場合

　とりわけハラスメント等で、物的な証拠および自白がない以上は事実認定できないので処分できないとの相談を受けますが、これは明らかな誤解です。信用できる他者の供述証拠があれば事実認定は可能です。

　自白がない場合は、まず問題となる事案において証拠を精査し、①事実認定の対象となる事実について直接の証拠がある場合（直接証拠型）と、②直接の証拠がないため間接事実から推認する場合（間接推認型）のいずれかを検討します。

　①の場合は、上記の直接証拠が信用できるか、上記⑵指摘のポイントを検討します。例えば、セクハラで、加害者と被害者の供述しかない場合に、前述の信用性のチェックポイントから、セクハラに関する具体的な事実を直接に証明する直接証拠である被害者の供述が信用できる場合には、同供述によってセクハラの事実を認定します。

　他方、認定対象となる事実について直接証拠がない場合は、②の間接事実からの「推認」で認定できるかを検討します。

　例えば、社員ロッカーから財布が盗まれた場合で、従業員甲が犯人であることの直接の証拠（盗っている場面が映った防犯カメラのテー

プ、第三者の供述）がない場合は、盗取された可能性の高い時間帯、当該時間に入ることが可能であった従業員、鍵の管理状況、動機等の種々の間接事実から甲が犯人かを認定（推認）します。

　以上のように自白がなくても事実認定は通常は十分可能ですので、自白がない場合には、**強引に自白をとりに行くのではなく**、上記の方法で事実を認定することを検討すべきです。

　なお、セクハラ事案では、加害者の供述と被害者の供述が相反することが多いですが、この場合には必ず**どちらかで事実認定をすることが不可欠**です。諦めてうやむやにしていては、損なわれた企業秩序は回復しないことに留意すべきです。

図1-3　証拠の構造

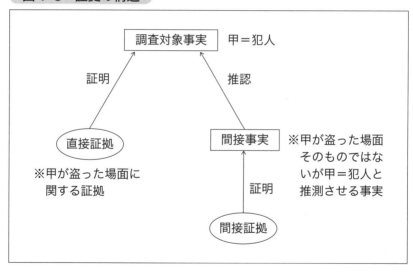

2 モデルケース

以下では、本節❶の点を念頭に事例を通じて、自白がない場合の考え方を具体的に解説します。

(1) 直接証拠型

問1

○年○月○日、午後7時から甲部長は、女性部下乙、同じく女性部下丙と、居酒屋の半個室席で飲食していたところ、午後7時30分に、甲部長は、乙の太ももを、丙のいる前で席上で触った。これについて、乙および丙から人事部へ被害申告があったが、甲は否認した。

上記を前提に甲が、乙の太ももを触ったと事実を認定できるか。

問1は、認定すべき事実について直接証拠が存在する場合として設定しています。

当該直接証拠の種類に応じて、以下の(ア)〜(ウ)のいずれのパターンかを検討します。

(ア) 物証がある場合

仮に丙が、甲に注意してもやめないので、今後、外部へ相談することを想定し、甲が乙の太ももを触っている様子をスマホで撮影していた場合等、直接証拠の物証がある場合は、当該物証の信用性に問題（改ざんが可能、他の証拠と明白に齟齬）がなければ、当然に、甲が触った事実を認定して問題ありません。

図1-4　イメージ

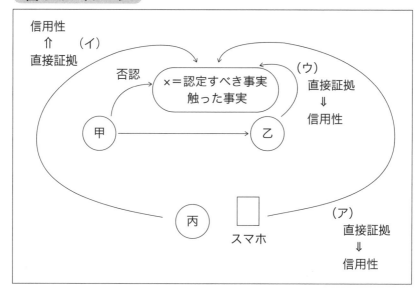

(イ)　供述証拠（第三者供述）がある場合

　この場合に認定が可能かは、丙の供述（直接証拠）があるので、同供述が信用できるかにかかってきます。

　具体的には、丙の供述が同時刻における店員の供述（直接は見ていないが中で揉めているような様子だったこと、途中で乙が出てきたこと、その際の乙の様子）、同日後のメール等に齟齬がなく（上記メルクマール❶、45頁参照）、行為の前後関係、触り方や態様等の丙の話をきいて特段不自然な点がなく（上記❸〜❹）、甲から不当な人事評価を受けていた等の虚偽の事実を述べるような特段の事情がない場合（上記❺）は、信用性を肯定でき、同供述に基づいて触った事実を認定することが可能です。

(ウ)　供述証拠（当事者供述）のみの場合

　この場合は、被害者である乙供述の信用性を検討します。

基本的視点は(イ)と同様ですが、当事者であり、かつ裏付けがない場合が多いので、供述内容の合理性（❹）等の点を中心に信用性を第三者の場合に比してより慎重に検討することになります。

(2)　間接推認型

(ア)　犯人性

> ### 問2
>
> 　令和2年8月1日、倉庫から大量の消毒液（10箱）がなくなった。
>
> 　当日、出勤していた甲が犯人と事実認定できるか。なお、倉庫には防犯カメラ等はなく、何者かが持ち去ったことを前提とする。

　甲が犯人であることを示す直接証拠（盗んだ場面が映った防犯カメラ、目撃供述等）がない以上、間接事実から甲が犯人であることを認定できるかが問題になります。

　この場合に次頁のア～クの事実を想定した場合で認定できない場合としては、以下の2パターンが想定できます。

　まず、証拠上、ア～クの事実の全部または一部がそもそも認定できない場合です。この場合は当然に甲を犯人とは認定できない可能性が高いといえます。

　次に、証拠上ア～クの事実は認定できるが、ア～クの事実のみでは調査対象事実である甲が犯人であるとの事実を推認できない場合です。

　結論に差はありませんが、追加調査を想定し、上記のいずれで認定しなかったのかを明示すべきです。

図1-5　犯人性

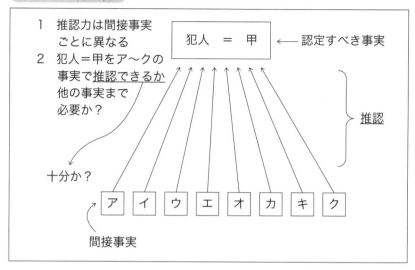

|ア| 当該消毒液を注文したのが甲であった事実
|イ| 7月31日の午後7時に商品が事業所に届いた事実
|ウ| 7月31日の午後10時の時点では倉庫にあった事実
|エ| 7月31日に甲が車で出勤していた事実
|オ| 7月31日から8月1日の夜勤のシフトが甲と乙の2名だけであった事実
|カ| 倉庫の鍵は甲のみがもっていた事実
|キ| 8月3日に、同種、ほぼ同量（8箱）の消毒液が、甲名義のアカウントでフリマアプリに出品されていた事実
|ク| 甲が金銭的に困窮していた事実

㈡　主観（性的な意図）

> ### 問3
>
> 　男性従業員甲は、事業所内で終業時間後に女性従業員乙との世間話をしている途中、突然乙の「わき腹」に触れた。人事部からのヒアリングで、甲は冗談のつもりであり、特に性的意図はなかった旨を述べた。
>
> 　性的な意図を有していたと事実認定できるか。
>
> ※認定できれば、より悪性が高く、重い懲戒処分が可能になる。

　自白がない場合は、種々の事情（間接事実）から、本人の気持（主観）を推認していくことになります。

　その場合には、仮に性的な意図を有していたら、**問題となる行動の前後にどんな行動をとり**、どんな証拠が残るかを考え、当該行動・証拠の有無を検討します。

　また、ここで重要な間接事実は、従前の他の人に対する言動との比較です。

　例えば、以下のように検討します。

> ### 検討メモ
>
> 　本件では、甲が触れた部分は「わき腹」であり、胸部や臀部等の触れた部位からして一義的に性的意図を認定できる部位ではない。
>
> 　しかるに、
>
> ・冗談であったと述べるが、甲は約5年間にわたり本件事業所で就労しているところ、**男女を問わず、他の従業員に対して冗談でそのような行動をとったことが一度もなかった**事実
> ・甲が前の週に〇〇と述べていた事実
> ・甲・乙間の触る前の会話において、特段甲が乙のわき腹を触るような話はなかった事実

> 等の事実等を考慮すると、甲は否認するが、性的意図をもって、
> わき腹を触ったと認定するのが相当である。

(ウ)　主観（いじめ目的）

> **問 3**
>
> 　甲営業部長は、4 名の新人社員のうち、成績のふるわない乙に
> のみ、毎日、業務日誌をつけて、提出するように命じた。乙はハ
> ラスメントであると人事部に通報した。
> 　人事の調査において甲は、指導目的であったと述べた。
> 　いじめ目的を認定できるか。
> ※認定できれば、より悪性が高い。

　ここでも、甲がいじめの目的を持っていればどんな事実が想定でき
るかを考えます。また、**逆に持っていない場合（純粋に教育目的のみ
の場合）にはどんな行動が想定しえ、それを実施しているか**もポイン
トになります。

　たとえば、①新人 4 人のうち乙のみに指示をし、かつ、実際には同
3 名と乙との成績において特段の差異がなかったこと、②業務日誌を
提出させたが、**仮に教育のためであれば、フィードバックを実施する
のが通常であるのに、約 8 か月の間の長期にわたり 1 度もフィード
バックがなかったこと**、③乙のいない飲み会で「乙はさあ、なんか顔
を見ているとなんかイラっとくるんだよね。理由はよくわかんないけ
ど」等と甲が述べていた事実を認定できれば、いじめ目的が認定でき
る可能性が一定程度あるといえます。

⑷　主観（図利目的）

> 問4
>
> 　大手大衆中華料理チェーン店の店長であった甲は、他の店舗では使っていない高級食材（燕の巣）を親族が経営する卸売業者から仕入れて、ラーメンに使うこと開始した。
> 　このような場合に図利目的（会社ではなく、親族の利益を優先する意思）が認定できるか？

　このような場合には、どの程度高額か、差額を値段に転嫁しているか、当該食材を使用していることを顧客に表示しているか、相見積り（あいみつ）をとっているか、手続きの違反の有無・程度から図利目的を認定します。

第4節

社内調査報告書のポイント

1　訴訟の見通しを具体的に示す

　労務に関する不祥事の社内調査（社内調査報告書）の目的は、最大公約数で言えば、①証拠（物的証拠、供述証拠）に基づいて事実を認定し、②①で認定した事実の法的評価（訴訟になった場合にどうなるか）を会社に示し、③これによって企業に「紛争解決」の方法の意思決定をしてもらうことです[3]。

　社内調査報告書では、②をいかに具体的かつ確度を持って会社に示せるかがポイントです。

　例えば、退職した従業員から営業部長からの日々のパワハラで精神障害を発症したので、慰謝料と、パワハラがなければ退職することはなかったとして、定年までの賃金相当額を請求する弁護士名義の通知が会社に届いた場合を想定します。

　①に関しては、社内調査として、関係者や当事者である営業部長に対するヒアリングを実施し、当該通知記載の事実である当該従業員に対しての「仕事ができないやつは会社に来るな」「君の仕事は価値がない、よく大学行けたな」「親はどんな仕事しているんだ」等と述べ

---

[3]　ただし、実際には①だけ記載し、②・③については口頭で意見をする場合、そもそも②・③について意見を求められない場合、会社が①を行い、それを前提に②・③を記載する場合もある。

ていた事実の有無を認定します。

　次に、②に関しては、Ⓐ下級審裁判例を踏まえた場合に、上記の具体的な言動が人格否定を含むものであり、かつ業務と関連性のない事項に及んでいることや、一定の継続性が認定できることから違法との判決が想定される可能性が高いこと、Ⓑ被害者が精神障害が発症したと主張する時期と上記の認定できる言動の時期が近接していることやその余の原因となる事実が認定できないこと等から、損害の範囲は退職していることから逸失利益を含むと評価される可能性が一定程度あること、Ⓒ上司と部下の関係であり、かつ、職場で所定労働時間内の言動であることに照らして業務関連性（民法715条1項）が肯定される可能性が高いこと、Ⓓ近時の社会情勢、会社の事業内容によれば、内容に照らし、レピュテーションリスクが一定程度高いこと等を示します。

　最後に③に関しては、上記を前提に、紛争解決の方法として、Ⓐ訴訟される前に被害者に一定の金額を払って和解（示談）すべきか、Ⓑこちらから和解を提案せず、訴訟提起を待つか、Ⓐの場合の具体的な段どり（会社側から出すか、金額の最大値）等について、両案のメリット・デメリットを示し、本件ではどうすべきかを意見します。

2 書き方の留意点

(1) 社内調査との関係

　上記の社内調査の目的から、社内調査報告書では、以下の第1〜3の点を記載し、そのため**第2記載の事実が認定できるか**について、社内調査を実施していくことになります。

　換言すれば、社内調査は下記のような書面を作成するために実施するものということです。

書式1-4　調査報告書

調査報告書

令和○年○月○日
○○法律事務所
弁護士　　○○○○

第1　社内調査の実施条件等
　1　調査の対象事実
　2　調査の方法・期間
　3　調査の前提条件

第2　事実認定
　1　認定できる事実
　2　事実認定上の問題点
　(1)証拠の構造（直接証拠型、間接推認型）
　(2)甲供述の信用性
　(3)調査対象者の弁解
　→上記1では、物証や信用できる証拠で認定できる事実を証拠を引用
　　しながら記載する。
　→上記2では、自白がなく他の証拠から認定する場合（推認、他の供
　　述証拠）のプロセス、重要な事実の事実認定等を記載する。

第3　第2指摘の事実の法的評価
　1　雇用契約関係
　2　民事責任

第4　第3を踏まえた本件の解決案
　1　解決案
　2　1のメリット・デメリット
　3　本件での対応案

以　上

⑵　ポイント

㋐　判例に依拠すること

　第1節で指摘したように、社内調査報告書の目的は、法的評価、換言すれば訴訟等になった場合の見通しを示すものです。そのため、**最高裁や下級審裁判例の傾向等に依拠**して客観的・中立的に記載することが重要です。

　なお、下級審を引用する場合は、**傾向が重要**であり、1つの裁判例をピックアップして引用するのではなく、一定の数の下級審から「傾向」を見て「考慮要素」、「水準」を記載することが重要です。また参考とすべき裁判例が少ない場合には、①その限度での傾向にすぎないこと、②①ゆえ事案の相異に十分に留意することが必要です。

㋑　リスクの度合いを示すこと

　社内調査報告書は、会社が意思決定をするための書面ですので、単に「○○の点がリスク」、「訴訟で敗訴の可能性がある」等と**網羅的、抽象的に指摘しても有意ではなく**、当該リスクの発生の確率を可能な限度で示すことが重要です。

　判決になった場合の見直しに関しての意見の示し方はさまざまですが、例えば、従業員によるパワハラで会社が退職者から使用者責任（民法715条1項）で訴えられた場合で言えば、以下のように記載します。

> 例
>
> 第2　本件パワハラ行為の違法性について
> 　1　業務に関する指導の違法性に関しては、平成元年以降の下級審裁判例の傾向を踏まえれば、概ね目的と手段の相当性が主要なポイントになり、いじめ目的を有しない場合でも指導

　　方法の相当性を欠く場合には違法と評価される余地がある（例えば○事件、○事件等）。

2　この点、被害者は上司の指示がいじめ目的であった旨を指摘するも（本件申立書○頁）、第 1 で認定した事実からは、対象者にいじめ目的は認定できず、目的の点では問題ない。

3　その上で、本件では、手段の相当性が問題になり、第 1 指摘の事情からは、指導を実施する高度の必要性が首肯でき、当該指導目的を実施する上での上記指摘の言動の相当程度の関連性を肯定でき、他方で、指導内容においても人格否定や、業務外の事象に及ぶものではないこと等に照らせば、○○等の事情にもよるが、現時点での証拠および裁判例の傾向からは違法と評価される可能性は相当程度低い。

第2章

社内調査を踏まえた対応

　本章では、第1章で指摘した社内調査を踏まえて通常実施する懲戒処分、人事処分、監督責任、公表等についての基本的な考え方を説明します。

第1節

懲戒処分

　本章以下で指摘するように、社内調査を踏まえた対応には、調査対象者について、**その責任を明確にし、企業の秩序維持・回復**のために、懲戒処分を実施する場合がほとんどです。

　ここで、懲戒処分とは、企業秩序を侵害した行為（罪）について、譴責、減給、出勤停止、降格、懲戒解雇等の「罰」を実施するものです。ポイントは、「人」ではなく、問題となる「行為」に着目して、行為を罰するということです。

　懲戒処分が適正ではない場合には、訴訟で会社が敗訴する、ロイヤリティが下がる等の労務管理の問題等のさまざまな弊害が生じます。ここで適正とは、大まかに言えば、①懲戒処分の理由となる事実認定に問題がなく（信用できる証拠によって裏付けられている）、②量定が法的、労務管理上問題ないことです。

1 思考の手順

図 2-1　考え方

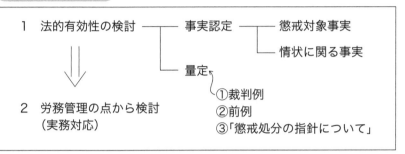

1　法的有効性の検討 ── 事実認定 ── 懲戒対象事実
　　　　　　　　　　　　　　　　　　└─ 情状に関する事実
　　　　　　　　　　　　　└─ 量定
2　労務管理の点から検討　　　①裁判例
　　（実務対応）　　　　　　②前例
　　　　　　　　　　　　　　③「懲戒処分の指針について」

(1)　事実認定と量定を分ける

　当然ですが事実認定と、量定の問題を明確に分けることが必要です。

　事実認定の問題は、主として以下の点を確認します。

・後日訴訟等になった場合に、当該懲戒事由を立証しうる証拠の有無
・（調査が不十分で）より重く処分すべきであったとされる事実が将来的に発覚する可能性の有無

(2)　量定は 2 段階で考える

　懲戒処分の量定を決める際に重要なのは以下です。

> ⑺　法的観点
> 　法的に**どこまで重い処分が可能か**（裁判例、前例、「懲戒処分の指針について」を参考に）
> ⑷　実務対応
> 　実務対応上、どういった処分をするか（**ロイヤリティ・モチベーションに影響、前例になる、社会の目**等）

⑺　法的観点

　懲戒処分を実施する場合には下記の労契法 15 条の要件を満たす必要があり、これを満たさない場合には、懲戒処分は無効です。

　具体的には、労契法 15 条は懲戒処分の有効要件として、懲戒処分の根拠規定があること、懲戒事由（客観的に合理的な理由があること）、処分の相当性（社会通念上の相当性）が認められることを求めています。このうち「処分の相当性」の一般的なポイントは以下です。

> ・行為の性質、態様
> ・企業の事業特性（当該事業の性質に照らし禁忌すべき行為か）
> ・地位、勤務歴
> ・被害弁償の有無、反省の程度
> ・非違行為歴
> ・会社の業務にどのような影響を与えたか

労働契約法

> （懲戒）
> 第 15 条　使用者が労働者を懲戒することができる場合において、当該懲戒が、当該懲戒に係る労働者の行為の性質及び態様その他の事情に照らして、客観的に合理的な理由を欠き、社会

> 通念上相当であると認められない場合は、その権利を濫用した
> ものとして、当該懲戒は、無効とする。

　また、この検討の際には当該企業の**ビジネスモデル**に照らして、**何が当該企業の従業員として最も禁忌すべき行為**かを意識することが重要です。

　なお、この点は後述の労務管理の点からも検討します。このような行為については、そもそもこのような行為が続けば、企業が当該事業自体を継続できなくなる高度の可能性を有するものであり、他の従業員に対する企業の姿勢を示す上で厳しい処分を科すことで予防を図ることが労務管理上適切だからです。

　例えば、

> ・銀行であれば、金銭関係の非違行為（経費のごまかし、通勤手
> 　当の不正受給、万引き）
> ・介護事業であれば、高齢者である利用者に対する暴力・暴言
> ・医療機関や製薬企業であれば、生命を軽んずる言動
> ・証券会社であれば、インサイダー取引
> ・警備業であれば、情報の漏洩
> ・運輸会社であれば、飲酒運転

等です。

　上記の相当性のポイントを踏まえて量定については、以下の(A)～(C)を参照しながら決定します。

> (A)　同種事案の下級審判例
> (B)　会社の同種事案（同種案件間でバランスを欠いていないか）
> (C)　人事院事務総長発「懲戒処分の指針について」[1]（最終改定
> 　　令和2年4月1日）

　Ⓐについて注意すべきなのは、下級審裁判例は1つひとつの事例判断に過ぎないので、重要なのは**下級審裁判例の「傾向」**であるということです。裁判例の検討の結果、1つの裁判例が何かを示していたとしても、これに拘泥する必要性は基本的には高くはありません。

　Ⓑについては、当該企業における過去の類似のケースの処分内容を確認します。事実関係の相違から異なった処分を正当化しうる事情があるかも検討します。

　Ⓑで実務上問題となるのは、これまで処分をしていなかった場合や、社会通念に照らした場合に誤った水準の処分をしていた場合です。このような場合には、今後厳罰をもって臨むことの社内通知の有無、当該通知からの期間の経過、類似の事案についての社会的な評価の変化等を検討します。

　実際のイメージとしては、上記指摘のように労契法15条で、懲戒対象行為（懲戒事由）と、罰の重さ（譴責から懲戒解雇）のバランスが取れていないと無効になります。

　そして、バランスが取れているかを検討する際には、天秤をイメージし、左にやったこと（懲戒事由）、右に罰（懲戒処分）をイメージします。

　右の罰は、懲戒解雇であれば10、譴責であれば2のように重さを設定します。出勤停止は日数次第で、4から7程度のイメージです。

　左の重さを上記のように下級審、会社の前例、指針等から検討し、釣り合う右の罰の程度を選択するというイメージです。

　例えば、現時点で一般的には女性が主要な顧客である化粧品のメーカーにおいて、社長の方針で「セクハラについては態様を問わず、懲

---

[1]　この通達は、任命権者が処分量定を決定するにあたっての参考に供することを目的として作成されたものである。公務員の任用関係と民間企業の労使関係とでは違いがあるが、民間企業の労働関係において企業が従業員に対して懲戒処分を科す際や裁判で当該処分の相当性を判断する際にも参考にされる（山川隆一・渡辺弘編著『最新裁判実務大系7 労働関係訴訟Ⅰ』（青林書院）261頁参照）。

戒解雇にする」という方針を打ち出していて、当該企業において上司が部下の女性の肩を業務時間中に１度触ったことを理由に懲戒解雇された場合を想定します。

　上記のように懲戒処分の有効性は労契法 15 条が規律し、その１つとして懲戒対象者がやったことである懲戒対象事由該当行為（肩を触った）と、量定（懲戒解雇）のバランスを求めているところ、上記のような場合はいかに会社として社会的要請に照らして健全な方針等があっても、社会通念に照らし、バランスを欠いており、無効と評価される可能性が高いです。

図 2-2　懲戒処分のバランス

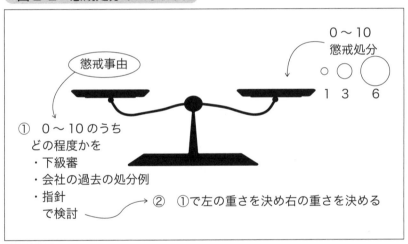

(イ)　実務対応

　次に、以下の点を検討することが重要です。

○労務管理の１つの手段であること

　　第１に、懲戒処分は、**労務管理の１つの手段**ということであり、不当に重いまたは不当に軽い場合のどちらも労務管理上の問題が生

じます。

　例えば、優秀な営業マン甲が、女性従業員に対して身体の接触を伴うハラスメント行為におよび、社会通念に照らし、出勤停止数日が相当であるにもかかわらず、甲が優秀で会社に長年利益をもたらしてきたことを理由に社長の独断で譴責処分にとどめた場合には、周りの従業員は会社に対して不信感を抱き、従業員の会社に対するロイヤリティの低下を招きます。

　反対に、営業マン乙が肩に触れた程度であったにもかかわらず、役員から気に入られていなかったこと等を理由に降格処分になった場合には、当該処分を受けた従業員はもちろん、他の従業員も「うちの会社は法律を知らないのか」「結局、役員の好き嫌いで処分が決まる」等と考え、この点から会社に対するロイヤリティが低下します。

　そのため、**他の従業員が処分内容をどう見るか、何を思うかを考えることが重要**です。

○同種事案の先例になること

　第2に、懲戒処分の内容（どのような行為についてどのような内容の処分をしたか）は、当該企業において、**今後同種の事案が起きた場合の前例になる**ことから、この点も十分に踏まえて量定を決める必要があります。

　例えば、社内での窃盗について懲戒解雇処分を実施した場合には、当該企業では懲戒解雇が基準になり、同種事案が起きた場合で懲戒解雇以外の処分を実施する場合には、処分の重さの違いを合理的に説明する十分な事情・理由が必要になります。

　この点でよく問題になるのが、いままで処分していなかったが今後は処分を実施する場合の処理です。例えば、通勤費の不正受給は詐欺罪（刑法246条）に該当する行為ですが、会社側の管理体制が適正ではなかった等の理由でこれまで処分を実施していないケース

等があり、このような場合には、今後処分を実施することを周知する等してから処分を実施することも、十分検討に値します。

○社会の目

　第 3 に、社会の目があります。近時では、新型コロナウイルス感染症に関連して、在宅勤務をする権利がある等と主張して出社しない、マスクの着用に関する指示に従わない、繁華街での従業員同士の飲み会の禁止の指示に従わない等のケースがありますが、これらは現時点で裁判例の十分な集積がなく、いざこれが裁判になった場合には非常に注目を集める可能性が高いので、この点も踏まえて処分内容を決定をする必要があります。

＊訴訟の可能性

　実務的な視点としては、懲戒処分は、①譴責・減給、②出勤停止・降格、③諭旨解雇・懲戒解雇の 3 グループであるところ、①に関しては、**弁護士費用との関係や在職が前提であること等から訴訟に至るケースは多くはありません。**

　ただし、①の場合でも労働組合がついている場合、当該従業員のキャラクター、将来の査定等への影響の程度が顕著な場合等は訴訟に至る可能性も十分ありますので、留意が必要です。

　②の場合でも賃金に影響する（労働者に経済的不利益を与える）ことから訴訟になる可能性は十分あり、また③に関しては、雇用関係を終了させる以上、労働者の生活に与える影響が甚大であることから訴訟になる可能性が高いと言えます。

　ただし、③のうち、懲戒事由自体が犯罪行為を構成している場合（業務上横領や強制わいせつ等）である場合には、**一般論としては、**解雇が有効である可能性が高いこと等から訴訟になる可能性は高くはありませんが、退職金を全額没収した場合や、そもそも事実認定に疑義があり対象者が事実を否認している場合には訴訟になる

傾向がありますので、留意が必要です。

(3)　まとめ

　以上、社内調査を踏まえて懲戒処分を実施する場合は、社内調査で認定した事実（懲戒対象事実、情状に係る事実）を前提に、①裁判例、②会社の先例、③指針を参考に、法的にどこまで可能か（訴訟になった場合にどの程度の重さの処分まで有効か）の「上限」を決めます。

　その上で、労務管理の点から特に「禁忌」すべき行為であれば、実務対応として一定程度重くする等を検討します。

　事案ごとに**書式 2-1** のようなメモを作り、①何が問題になるのか（論点を網羅）、②どこの点がとくに重要な問題になるか（重要論点の選択）を十分に整理することが重要です。

　懲戒委員会では、まず事実認定の点を話し合い（下記第 1・1）、次に弁護士等から訴訟でどの点まで耐えられるかの上限および一般的な枠（減給から出勤停止 3 日程度等）を聞き（下記第 1・2）、その次にその上限および枠を前提に処分を決めていく（下記第 1・3）ことが検討に値します。

書式 2-1　論点整理

A 支店の懲戒事案について
（論点整理案）

令和○年○月○日
懲戒委員　　○○○○

第 1　懲戒処分
　1　事実認定
　（1）懲戒処分の対象となる事実
　　　令和○年○月○日、懲戒対象者である○○支店の支店長甲は、同

支店の部下8名と終業時刻後に、同支店近くの居酒屋○○に行き、同店での懇親会終了後、部下8名の中の新人の女性従業員を家までタクシーで送る等と述べ、タクシーに同乗させ、走行から約10分経過して時点で、無言でいきなり隣に座っていた同新人社員の太ももを衣服の上から約1分間にわたり継続的に右手で触った（被害者提出LINE、被害者供述）。

　　この点、上記認定の基礎となる乙の供述は、下車後に乙が同期等に送信したLINEの内容等と整合し、かつ内容も具体的かつ自然であり、さらに虚偽供述を述べる特段の利害関係も認定できないことから信用できる。

　　他方において、甲は上記指摘の事実を否認するが、「私がそんなことをするはずがない」と抽象的に述べるのみで具体性を欠き、上記対象行為の前後の会話内容等についての供述もなく、かつ、他の従業員の供述によればタクシーの乗車時において相当程度酩酊していたと見るべきであること等から信用できない。

(2)情状に関する事実

　　下記2指摘のとおり。

2　量　　定

(1)加重する事情

・触れた部位および時間の長さ、場所（運転手がいるとはいえ密室）から被害者に相当程度強い恐怖心・心理的負荷を与える態様であったこと

・甲が当社入社以降、少なくとも過去に4度にわたり管理職としてセクハラに関する研修を受けていたこと（資料1）

・甲が管理職であり、約40名の部下を管理する地位にあり、このような行為に及んだ場合の企業秩序の侵害の程度が相当程度あること

・約1年前にも同種の問題（飲酒時に部下に対するセクハラ言動）で厳重指導を受けていたこと（資料2）

(2)軽減させる事情

・特になし

(3)小　　括

　　以上の(1)および(2)を勘案すれば、法的な有効性の点からは、同種の裁判例、当社における過去の同種事案等に照らせば、出勤停止7から10日程度が相当である。

3　実務対応

　　上記第1・2・(3)が法的な観点での処分の目安であるが、本件において実務対応の点で特段、考慮すべき点がないことから、上記指摘の通り出勤停止7日から10日程度が相当であると思料する。

第 2　その余
　1　人事措置
　　　上記のように 1 度指導を受けながら再度繰り返したこと、当社のセクハラ関する近時の取組み等に照らせば、管理職としての適性を欠くことは明らかであるので、降格規定○条に基づき人事権で降格を実施することが相当である。
　2　再発防止に関する意見
　　　今期に入って飲酒に関係するセクハラが増えていることから、この点のルールの策定が望ましい。例えば、二次会禁止、タクシーを別にする等。なお、新型コロナウイルス感染症の影響で入社して○年以内の従業員については、今期が従業員間での飲酒の最初の機会であるので、○○等を実施すべきである。

以　上

2　量定のその余のポイント

(1)　「結果」を過度に重視しない

　懲戒処分は、企業の秩序が乱れた場合にこれを回復させるために実施するものであるところ、過失で会社の部品を壊した場合とわざと備品を壊した場合で**企業の秩序の乱れ方に相当な違いがある**ように、「結果」も考慮要素にはなりますが、**第 1 次的には、「行為」の悪性を中心に量定を検討**するのが相当です。

　例えば、過失で会社の備品を壊したこと等を理由に重い懲戒処分を課す企業がありますが、これは法的にも労務管理上も適切な懲戒処分ではありません。

　また、何か会社に損害あった場合に全て懲戒処分を実施するような**事実上の結果責任を問うような場合**は、法的有効性に疑義があることに加えて、**従業員のモチベーションを低下**させ、懲戒の威嚇をもって従業員を管理することになり企業運営上相当ではありません。

　例えば、運送会社の従業員がもらい事故でトラックが大破した場合や、部下が会社と全く関係のない知り合いにストーカー行為をして逮捕された場合において上司に監督責任を問う場合等に重い懲戒処分を実施することは、事実上結果責任を問うことになり、適切ではありません。

(2)　動機・主観を「過度に」重視しない

　上記のとおり懲戒処分は基本的に「行為」に対する罰であるところ、非違行為者の「内心」は、悪意（図利加害目的）があった場合に悪性が高いとして重く処分しますが、他方で、内心を理由に処分を「軽く」することは**よほどのこと**がない限りない相当ではありません。

　これは、内心を重視すると、①**量定の基準が不明確**になること、②内心によっては一定の行為をしても**処分が軽くなると**従業員に誤解を与えてしまうからです。

　例えば、銀行に 20 年勤めていた総合職の銀行員が、金庫から 50 万円を横領したとします。この場合、病気の親族の入院費用のためであっても、夜の繁華街で使用するためであっても、他者の金銭を信頼関係に基づいて預かり運用することを主要な業とする金融機関であり、金銭に関して他の業種に照らし高度の義務が課されていることに照らし、同じく契約解消を前提とした処分しかありえません。仮に前者を猶予すると、動機に情状の余地がある場合は一定の行為をしても会社（銀行）は解雇等をしないと思われ、労務管理が機能しなくなるためです。

第2節

人事権の行使

1 降職・降格の実施

　社内調査の結果、認定された事実を勘案し、従前と同様の職責を委ねるだけの適性がないこと等から、人事権で降職・降格を実施する場合があります。例えば、パワハラの事実の存在を前提に監督者として適性がないと判断し、役職を外すことが典型です。

　ここで重要なのは、このような降職・降格は不祥事に対する問責として実施するのではなく、あくまでも**業務上・組織上の必要性**に基づいて人事権で実施するということです。

　人事権で実施する場合には、就業規則や内規等の規定に下げる場合の基準や、考慮要素や手続が記載されている場合があり、懲戒該当事由の存在だけではそれに十分ではないこともあるので、その点を別途検討することが必要ということです。

　実施する場合には以下の①～③を検討します。

---

① 　実施する措置が図2-3の「1」～「3」のいずれに該当するか

② 　権限の有無

③ 　②を前提に権利濫用（労契法3条5項）に該当するか

　例えば、役職・職位の引き下げの場合には（上記①、**図2-3**

「1」)、就業規則の根拠規定は不要であり（上記②）、大幅な裁量があり、原則として有効ですが、ⓐ考慮すべき事実を考量しないまたは考慮すべではない事実を考慮、ⓑ降職に十分な理由がないにもかかわらず賃金が相当程度下がる、ⓒ退職勧奨に応じない場合に退職に応じさせるために賃金が大幅に下がる降職を実施する場合等には例外的に濫用として無効（労契法 3 条 5 項）と評価される余地があるに留まります（上記③）。

図 2-3　裁量の広さのイメージ

意　義		権限の有無	権限行使の濫用
懲戒処分としての降格		就業規則の根拠規定が必要	労契法 15 条で厳格な審査
降職	「1」役職[2]・職位の引き下げ	就業規則の根拠規定は不要 ※ただし、労働契約上、役職・職位の限定がある場合はできない	大幅な裁量 （役職の編成や人員の配置は経営に密接にかかわる事項であるので）
降格	「2」職務等級・役割等級の引き下げ	就業規則の根拠規定は不要[3]、または就業規則ではなく、ガイドライン等でも足りると解される[4]	当該制度の枠組みの中での人事制度の手続と決定権に委ねられている。
	「3」職能資格の引き下げ	就業規則の根拠規定が必要	厳格な審査

---

[2]　「役職」とは、**企業組織上の地位**を指し、通常は部長、副部長、課長、課長補佐、係長、主任、係員等の職位によって示される。

他方、「職能資格」とは、**職務遂行能力に基づく格付け**を指し、参与、副参与、参事、副参事、主事、副主事、職員一般等と呼称される。役職制度と職能資格制度は別物ではあるが実際には、**緩やかに結びついていることが多い**（例えば、参事は概ね課長相当、主事は概ね係長相当等）（水町勇一郎著『詳解労働法（第 2 版）』（東京大学出版会）492 頁）。

「職務等級制度」とは、職務の価値によって等級を定め、従業員の従事する職務の等級に従って基本給（職務給）を決定する制度である。

「役割給制度」とは、従業員の担う役割の重要度に応じて等級を定め目標の達成度（成果）を考慮して処遇を決定する制度である（水町勇一郎著『詳解労働法（第 2 版）』（東京大学出版会）494 頁）。

[3]　菅野和夫著『労働法（第 12 版）』（弘文堂）726 頁。

[4]　ファイザー事件（東京地判平成 28 年 5 月 31 日、東京高判平成 28 年 11 月 16 日）。ただし、異なる立場をとる下級審裁判例が存在する点には留意が必要である（例えば、コナミデジタルエンタテインメント事件・東京高判平成 23 年 12 月 27 日労判 1042 号 15 頁）。

2　懲戒処分と別に実施が可能

　懲戒権と人事権は使用者の有する**別の権限**であり、これを同時に行使することを規制する実体法上の根拠がないことから、同時に実施すること自体には何ら問題はありません。

　例えば、証券会社の支店長が部下の女性職員に対してセクハラをしたことを理由に、支店長としての適性はないと判断し、人事権で支店長から降職し、懲戒処分で出勤停止5日にする場合等です。

　図2-3で指摘したように、降格・降職については、懲戒で実施する場合と人事権で実施する場合では**審査基準が異なり**、人事権のほうが緩やかです。そのため、懲戒処分としての降格の有効性を基礎づける程度の事実関係までなくても、人事権で降格することを検討することもあります。

　なお、降格が懲戒処分によるものか、人事権の行使であるかが曖昧だと、訴訟においてその点を指摘される可能性があるので、手続きの確実な履践と本人への説明（および説明したことの記録化）を実施するのが相当です。

※東京都医師会事件（東京地判平成26年7月17日労判1103号5頁）

　内科医長が運営方針に従わなかったり、検査室を私物化したりすることを理由に、3か月の懲戒処分としての停職処分となり、その後、人事上の措置として降任・降職された事案において、**同一の事実関係を前提**に、懲戒処分としての停職処分は重すぎて無効だが、人事権でなされた降任・降職は有効とされています。

3　下げ幅には注意

　人事権の行使で降格をする場合に、どの程度ランク・賃金を下げることが可能か（労契法 3 条 5 項）は、降格を実施する**業務上の必要性との相関になり**[5]、業務上の必要性が高い場合（当該ランクの適性の欠如が顕著な場合）には、下げ幅が大きくても降格の有効性が肯定される余地が十分あります。例えば、ファイザー事件（東京地判平成 28 年 5 月 31 日労経速 2288 号 3 頁、東京高判平成 28 年 11 月 16 日労経速 2298 号 22 頁）では、専門管理職から一般社員への賃金の 91 万から 58 万（**3～4 割程度**）の減額をもたらす降格の有効性を肯定しています。

　ただし、上記のように懲戒処分と人事権の行使は別問題ですが、実際の訴訟では人事権行使によって被る賃金額の減少を**懲戒処分の有効性（労契法 15 条）の中で斟酌される可能性**が存在することには、留意が必要です。

　そのため、同時に実施する際には、上記の業務上の必要性の点に加えて懲戒処分の有効性の影響が生じないように、人事権の行使でどの程度賃金額が下がるかにも留意し、下がり幅が大きい場合には①下げ幅を調整する、②段階的に下げる等の措置を講ずることも検討します。

---

[5]　下井隆史著『労働契約法（第 5 版）』（有斐閣）。

第3節

監督責任の追及

1 監督義務違反を別途検討

　部下の不祥事について、上司の懲戒処分を検討するに際しては、法的な観点から言えば、①上記第1節❷のように結果責任を問うもの、換言すれば部下が不祥事を起こしたら必ず責任を負うような連帯責任ではなく、②上司の監督義務（具体的な事実関係に照らし、どのような義務にどの程度違反したか等）を**別途詳細に検討**し、これの違反が肯定できる場合に限って有効性が肯定される余地があります。

　防ぎようのない事案については、訴訟になった場合に、懲戒事由に該当しない、または、社会的相当性（労契法15条）を欠く等の理由で無効と評価される余地が十分あります。加えて、労務管理の点からも、上記のような事実上の結果責任を問うようなことになれば、①過度な監督義務を課すことによって本来的なマネジャーとしての仕事に時間・集中力を投下できず成果が出せない、②企業の核として自身の職責を果たすべく日々就労している監督者の**モチベーションを著しく低下**させる事態等が生じます。

　以上の点から、別途、監督義務の有無・内容を詳細に検討した上で、懲戒処分を実施するかおよび量定を決定すべきです。

義務の認定
・不祥事発生前の監督者の内心（どの程度の事実を把握していた

か）について①管理職に就任した時期、②業務上の接点、③
日々報告を受ける立場等からどの時点で、どんなことを知って
いたかを認定

・どのようなことをすれば、当該不祥事を防げたか（義務の設
定）

・当該義務を課すことが不合理か（業務内容に照らして実際に管
理が可能であったか）

・職務の内容・責任（監督が本来的な業務か、プレイングマネ
ジャーか）

義務違反の認定

義務違反の程度（重過失と評価できるものか）
→権限不行使の期間、権限行使の容易さ等

義務違反への寄与

義務違反に会社が寄与していないか（業務の量、適正な監督を
阻害する制度の問題等）

因果関係の強さ

上記の義務違反がなければ部下の不祥事、損害の発生が回避で
きた可能性（因果関係の強さ）

2 量定の考慮事由

　上記の点から、監督義務の懈怠が認定でき、懲戒処分を実施する場
合でも、量定は実行者（部下）の懲戒処分よりも低いものにすべきで
あり、一般的には譴責、減給、出勤停止 1～3 日程度に留めるべきで
す。

　部下の不祥事の度合い、**監督義務の違反の程度**、**監督義務を果さ**
なかった理由等によりますが、基本的には懲戒解雇、諭旨解雇や普通解
雇等の労働契約の解消を前提にした処分は避けるべきです。

3 人事権の行使

　実務では、上司の監督責任が問題になった場合、上記 1 の懲戒処分
としての懲戒処分の実施に留まらず、同時にマネジメント能力の欠如
を理由に降格・降職を実施することも検討します。

　その際には、①事実の認識の程度および可能性、②監督義務を果た
さなかった理由が主要な判断要素になります。

4 監督者が複数いる場合

　複数の監督者間では、①直接行為者の上司等の直接行為者に近いほ
うが懲戒処分の対象となる**事実の認識可能性**が高く、②近いほうが**実**
効的な監督権の行使を期待しうること、③距離が遠い者について重い
処分を科すことは事実上の結果責任を問うことになることから、直接
の行為者に近いほど懲戒処分を重くするのが相当です。

　例えば、本人、直属の上司である課長、課長の上司である部長がい
た場合には、処分の内容に軽重をつけ、出勤停止、譴責、注意指導等
にすることがあります。

*　乙部長に部下丙に対するハラスメント言動があった場合の乙の上司で
　ある甲本部長の監督責任を想定

> 　甲本部長は、平成○年○月以降、乙部長の上司として就労し、①部

下は 120 名であり、かつ甲本部長の主要な業務は、○部、○部及び○部の監督業務であったところ、②ハラスメント言動をしないような指導義務は、甲本部長と乙部長は、上司と一般職の関係ではなく、本部長と部長との関係であったこと、③乙部長の言動は短時間かつ 1 度でかつ、④内容においても相当性を著しく欠くとまでは評価できないものであったこと、⑤対象会社は管理職に対してハラスメントに関する研修を○年間にわたり継続的に実施し、その研修に有意な瑕疵があった事実は認定できず、実際に当該研修を乙部長が継続的に受けていたこと、⑥乙部長は管理職として○年間にわたり就労し、その間、類似の事象で懲戒処分等を受けた事実がなかったことが認定できる。

　この点、たしかに、乙部長の上記問題行為の前の時点で甲本部長が改めてハラスメントに関する注意喚起をする等、監督の程度を強めていた場合には、上記のハラスメントを防ぐことは**理論上**可能であった可能性は否定できない。

　しかし、上記の部下の数、乙との関係性、平成○年以降という長きに渡る上司・部下の関係において乙部長のこれまでの態度に問題がなかったこと等からすれば、乙部長による部下に対するこのような 1 度かつ相当性を著しく欠くとまでは評価できない言動を事前に予見し、監督の程度を強める等の具体的な措置を講ずることは実際には困難であるので、**上記指摘の程度の監督義務を負っていたとまでは評価できないのであるから**、法的には甲本部長について懲戒処分を実施した場合には、無効と評価される可能性が高い（労契法 15 条）。

　上記の法的整理を前提に、実務対応としても上記のような事象についてまで懲戒や人事処分を講じることは、結果責任を問うに等しく、役員に次ぐ地位にある本部長という企業の生命線である人材について①自身の担っている職務に時間・集中力を適切に投下することを困難にし、かつ②ロイヤリティを低下させるので避けることが望ましい。

第 4 節

公表の問題

1　社内での公表の意義

　社内調査実施後において懲戒処分を実施し、その後にこれを社内で公表することがあります。

　これは、**どのような行為をすればどの程度の処分がされるかを従業員に示し、これによって他の従業員が同種の行為に及ぶことを防ぐため**に実施するものです。

　なお、上記のように処分の公平性の要請があるので、何らかの事情で処分の重さに変化をつけた場合には、その点を簡潔に記載し、他の事案との相違を他の従業員が理解できるようにすることも検討に値します。

2　プライバシーの問題

　企業の姿勢を示すという意味で、労務管理上、一定の行為の場合には被処分者の氏名を公表する必要性がありますが、**社内での公表の場合でも**、懲戒処分の対象者のプライバシーとの問題が生じます。

　まず、**被処分者が特定できない形での公表の場合**は、被処分者のプライバシーの利益の問題は通常生じません。上記❶指摘の公表の目的からは通常、行為の概要がわかる程度の事実を示せば足り、氏名等は

公表する必要性は通常ありませんので、無用な紛争をさけるため基本的には氏名の公表は避けるべきです。

　次に、被害者のプライバシー、とりわけセクハラについては、懲戒処分の対象となる行為や量定が開示されることで、**匿名でも、被害者が推知される等**で被害者の就労環境が害されることが想定されることがあります。

　このような公表によって精神的負荷を受けることが容易に想定できる場合には、そもそも実施しないか、相当程度の期間経過後に事実関係を相当程度デフォルメした上で、実施する等を検討すべきです。

　とりわけ、後述の強制わいせつ罪等に該当しうる場合等には、第 1 章第 1 節で指摘のように原則としては企業秩序の回復より、被害者の就労環境、心理的負荷等の安全配慮義務を優先すべきですので、公表は差し控えるべきです。

※東京医科歯科大学事件・東京地判平成 30 年 9 月 10 日労経速 2368 号 3 頁

　学長選挙会議の無断録音やデータ送信などの理由で戒告処分を受けた教授 A が、学内のホームページに処分を公表されたことを名誉毀損であるとして訴えた事案において、①不祥事の再発防止を目的として原則全職員に学内周知を行う旨の**規程があ**ること、②被処分者が A であると**直接特定する記載はない**ことから、名誉毀損行為に該当しないとされました。

　名誉毀損の関係では、①は、判決文上は指摘されていますが、規程があることで当然に違法性がなくなるものではなく（あえて言えば、規程があることで不利益処分が予見できたことから権利侵害の程度が弱く、違法性は低い等）、①は補足的なものと評価するのが相当であり、重要なのはあくまでも②であることに留意が必要です。

書式 2-2　懲戒処分の周知文

懲戒処分実施のお知らせ

〇年〇月〇日
コンプライアンス委員会
委員長　〇〇〇〇

　当社は下記の懲戒処分を実施しましたので、当社就業規則第〇条に基づき、下記のとおり公表します。

記

第 1　事例 1
　1　懲戒処分の対象となる事実
　　　対象従業員 1 は、実際には当社の業務とは関連性を有しない大学時代の友人と私的な飲食であり、当社の基準を満たしておらず、満たさないことを知悉しながら、当社経理部に当社との取引関係にある企業の関係者との飲食であった旨の虚偽の記載をした申請書を提出し、当社経理部に、合計 4 度で約 15 万円を自己の口座に入金させた（当社就業規則第〇条〇項〇号）。
　2　処分内容
　　懲戒解雇

第 2　事例 2
　1　懲戒処分の対象となる事実
　　　対象従業員 2 は、令和〇年〇月〇日に開催された懇親会後の二次会のカラオケ店内の廊下において酩酊の上、部下 1 名に対して、暴言を吐いた上で、止めようとした他の部下 1 名に対して顔面を平手打ちした（当社就業規則第〇条〇項〇号）。
　2　処分内容
　　出勤停止 7 日

以　上

3　嫌がらせと評価されないために

　公表が嫌がらせと評価されないように、再発防止の点から必要なこと（対象となる事実、就業規則の根拠規定、量定）を最低限度記載することがポイントです。

　この視点からは当該企業における他の事案との比較も重要であり、他の事案と同じ程度で書くことが重要です。

第3章

セクハラ

　本章では、セクハラ事案の社内調査でのポイント
を指摘の上、社内調査結果を踏まえた対応について
解説します。

　ポイントは、基本的には**調査の実施（企業秩序の
回復）より被害者等の体調や就労環境を優先すべき**
であること、事実認定の核となる被害者供述の信用
性については、セクハラ被害者の特有の心理状態を
十分に踏まえることです。

第1節

全 体 像

1 早期対応が肝

　セクハラの申告があった場合、まずは被害者等の申告内容をベースに、スケジュール案（**書式 3-1** 論点整理メモ）を作成し、スケジュール、実施すべき事項等を確定します。

　社内調査で上がってくるセクハラの多くは継続的に行われており、放置されているケースです。他の労務に関する不詳事に比して、**放置することで、被害者の精神状態の悪化や被害者の数が増える等雪だるま式に深刻化する性質**を有しますので、速やかに社内調査を実施の上、**早期の対応をすることが極めて重要**です。

　調査およびそれに伴う対応が遅いと、（自宅待機命令をかけても）事態が重篤化しますので、簡単なケースでは 2 週間程度で申告から懲戒処分までを実施し、事案が複雑なケースでも申告から 1 か月程度で懲戒処分を実施すべきです。

　そのため、申告された事実から事実認定が可能な最低限のヒアリング対象者を見極めて、**有意ではない調査をしないことが重要**です。会社からの要望（例えば、甲さんと仲がよかった乙さんからもぜひ話を聞いてほしい等）であっても、訴訟を見通して認定できる供述が集まれば、**その限度で調査は終了させて早期に処分を実施することが重要**です。

書式 3-1　論点整理メモ

論点整理
（甲部長のセクハラの件）

第1　初動対応
1　自宅待機命令をかけるべき事案か
→ヒアリング対象者の人数等からどの程度の期間が調査に必要か
→明らかに理由のない申告を繰り返すケースや証拠上明らかに意趣返しの申告と認定できる場合以外は自宅待機させることが基本
2　産業医面談を実施すべき事案か
→申告された内容、申告者の体調・様子等を1つの基準に判断する

第2　社内調査（令和○年○月○日から同月○日まで）
1　調査対象事実の確定
→申告された事実が基本
2　物証の有無
3　ヒアリングの実施
4　事実認定のポイント
→争いのある事実の認定の方法等
5　社内調査報告書の作成
→必ず記載すべき事項は何か

第3　対　　応
1　懲戒処分
→量定、労働契約の解消まで実施すべき事案か
2　人事権
→役職を外す、物理的な異動
3　監督責任を問うか
4　被害者に対する説明を実施するか
5　公表の実施
6　会社が被害者と示談を実施すべき事案か
7　労災申請対応
8　再発防止策

以　上

2　紛争の流れ

深刻なハラスメントの場合は、まずは労災申請がなされ、その後に労災保険給付支給決定および弁護士がついて労災決定に関する証拠をもとに会社に対して安全配慮義務の違反や使用者責任（民法 715 条）を理由とする訴訟を提起してきます。

また、この種の事案は、**労災保険給付支給決定時や訴訟提起の段階で記者会見がされる**等の企業にとって容易には回復しがたいレピュテーションリスクがあることからも、早期に解決を図る必要性が高いと言えます。

社内調査でこのようなリスクを早期から正確に把握し、リスクが高い場合には、謝罪および一定の解決金で早期解決を検討することが重要です。

3　真相解明より被害者の精神状態を重視

セクハラに関する社内調査を実施する上で重要な視点は、企業秩序の回復のため等の要請から早期の事案の解明も重要ですが、それに注力するあまり**被害者の精神状態の悪化等の二次被害があってはならなならない**ということです。

図 3-1　基本的な対応の流れ

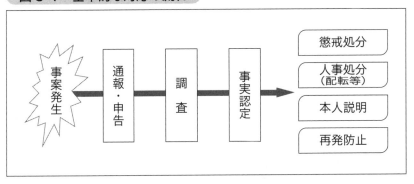

第 2 節

初動対応

1 自宅待機命令

(1) セクハラの場合は通常かける

　他の労務不祥事の場合との比較で言えば、セクハラの場合には調査開始時から自宅待機命令をかけ、就労をいったん停止させる必要性が高い場合が多いと言えます。

　典型的には申告を前提にした場合に深刻な被害（精神的な負荷）が想定される場合や、調査対象者に対する畏怖等から対象者が就労していることで正確なヒアリングが実施できない可能性が高い場合等です。この点、申告自体が、何ら裏づけがなく虚偽である可能性が一定程度ある場合でも、明確に虚偽とは言えない場合には自宅待機命令をかけるのが相当です。

　なお、自宅待機命令をかける場合に他の従業員に対する説明等は、現時点で会社としてハラスメントの事実を認定していない以上、調査対象者から名誉毀損等のクレームを生じないように業務上必要な範囲（メンバー、内容）で、かつセクハラがあったとの断定的な表現は避けるべきです。

⑵　対象者の心理状態に注意

　有給であっても、不要な期間の自宅待機命令の措置を講じることは、業務命令としての有効性（労契法 3 条 5 項）や、不法行為等の問題が生じますが、最も重視すべきは**自宅待機命令対象者の精神障害の発症の可能性**です。

　この点から、**調査に必要最低限の時間に限定する必要**があります。どの程度かかるか不明な場合は、いったん 2 週間程度で自宅待機命令をかけ、1 週間ごとに延長していくこともあります。また、上記の対象者の精神状態については十分に配慮し、自宅待機期間中、定期的に連絡を取り、状況を把握することが重要です。

⑶　妨害行為が予見できる場合

　調査対象者のこれまでの行動様式等から妨害行為等が予想される場合等には、以下の書面（**書式 3-2**）に「1・⑴～⑶の行為は絶対に禁止であり、仮に貴殿が禁止の指示に反して、下記の⑴～⑶の行為に及んだ場合は上記の調査対象に関する処分とは別に労働契約の解消を含む別途の処分事由となる」ことを併せて通知する場合もあります。

⑷　期　　限

　基本的には、社内調査終了時ではなく、懲戒処分の実施まで自宅待機にします。ただし、社内調査終了の時点で、嫌疑が十分に晴れた場合等には、その時点で自宅待機命令を解除することもあります。

書式 3-2　自宅待機命令書

令和○年○月○日

○○○○殿

○○株式会社
人事部長　○○○○

自宅待機命令書

　貴殿について当社就業規則規定の懲戒事由に該当する行為の調査のため、当社は、令和○年○月○日（火）から同年○月○日（月）までの間、下記の条件のもと、自宅にて待機することを命じる。

記

1　自宅待機命令期間中は、以下(1)ないし(3)の行為を禁止する。
⑴　当社の業務に関与し、または当社の調査を妨害する行為（非違行為等に関するメール等の資料の隠滅、関係者との口裏合わせ等）を行うこと
⑵　文書、電話、電子媒体、口頭等方法の如何を問わず、当社の役員、従業員と接触すること
⑶　理由の如何を問わず、当社の本社、営業所その他関連施設に立ち入ること
2　当社から指示があった場合には出社する。
3　自宅待機期間中は休日を除き、当社からの呼出し等の連絡に備え、勤務時間中においては当社に出勤できる場所で待機し、携帯電話を通話可能な状態としておく。
4　自宅待機期間中の連絡・問い合わせは、当社人事部（担当者○、電話03－○○○○―○○○○）までとし、それ以外の当社関係者に対して、当社の許可なく連絡してはならない。
5　自宅待機に伴い、不要となる以下の貸与物を返還する。
　・当社貸与の PC（○社製、型番：○）
　・携帯電話（○社製、型番：○）
　・ID カード
6　当社は、自宅待機期間中、所定の給与を支給する。

以　上

⑸　ポイント

　不正行為や事故の再発、証拠隠滅のおそれがある場合に、民法 536
条 2 項の賃金支払義務を負わない余地を指摘した裁判例（日通名古屋
製鉄事件・名古屋地判平成 3 年 7 月 22 日判タ 773 号 165 頁等）があ
りますが、実際には、上記の点の検討はしつつも、無給だと**この点で
調査対象者と別の紛争に発展する**ことがあるので、**円滑に調査を進め
る**こと等から支払をするのが通常の対応です。

　期間に関して、ネッスル（静岡出張所）事件・静岡地判平成 2 年 3
月 23 日労判 567 号 47 頁では、仕事上の関係者と不倫関係にあったこ
とが原因で、その行為を非難する葉書が会社の取引先に出回り、顧客
の会社に対する信頼・信用を損なう事態が生じたことを理由に自宅待
機を命じ、有給ではあるが、結局 2 年程度継続したのを業務命令とし
て有効と判断しました。しかし、第 1 章第 1 節で指摘のように、**優先
順位論に従い、この問題で優先すべきは、業務命令の有効性ではな
く、自宅待機命令によって調査対象者について精神障害の発症や自殺
を防ぐこと**ですので、命令の有効性を離れて、期間の点で過度な精神
的な負荷が生じないかの点から期間を設定するのが相当であり、この
ような裁判例に依拠して実務対応をすることは間違いです。

　自宅待機対象者の精神的負荷を下げる対応の一案としては、対象者
と定期的に連絡をとり、話せる限度で調査の進捗、あとどの程度自宅
待機が続くか等を伝えることです。

２　産業医面談等

　申告された被害の内容等から、被害者の体調不良等の事態が想定さ
れる場合には、**速やかに産業医面談の実施やカウンセリングを必ず実
施すべき**です。

　また、ヒアリングの実施の前の段階で体調が悪い場合等は、必ず被害者の体調を優先し、**ヒアリングは延期をするのが相当**です。

　なお、調査対象者（加害者）がヒアリング実施前の段階で診断書を提出の上、ヒアリングには現時点で応じられない等の主張をしてくる場合がままあります。そのような場合で虚偽であると明白に認定できない場合には、安全配慮義務の点から延期せざるをえません。ここで強引に進めた場合には、精神障害の発症や自殺等につながりうる以上、忸怩たる思いですがやむをえないと思われます。

3　申告者への説明

　申告者から申告を受けたが、職場での立場や人間関係を考えて「やはり調査しないでほしい」と言われる場合があります。

　プライバシーの問題もあるため、たしかに申告者の意向に反して調査を開始することは困難です。

　しかし、社内のハラスメントを認識した以上、放置することはできず、具体的には調査対象者によるセクハラの継続、他の被害者の発生等が生じた際には、**このような申告者の意向に従ったことは何らの免罪符になりません。**

　そのため、会社としては①他の被害者の発生の可能性、②秘密の厳守、③報復は絶対にさせない等を基本に説得をするほかありません。説得できない場合には、とりわけ、強制わいせつに近い場合等は被害者の同意なく、社内調査を実施することは、困難な場合が多いものと思われます。

社内調査の実施

　社内調査の基本的なポイントは第1章で指摘のとおりですが、セクハラの場合には、**これに加えて**以下の❶〜❸の点に留意をすべきです。

　またセクハラに関する主要な紛争は以下の5つのパターンですので、パターンに応じて事実認定を行います。

　紛争パターン1は、食事や交際の要求であり、この場合はアプローチの回数、態様、両者の関係（上司と部下）等を認定の上、法的評価を加えます。

　紛争パターン2は、食事や交際等の要求を拒否したことを理由に異動、減給、降格等の不利益を与えるものであり、いわゆる対価型のセクハラの場合です。この場合は、第1章第3節で指摘の調査対象者の主観（意趣返しの意図が認定できるか）等が問題となり、不利益を与える業務上の理由の有無・程度、拒否と不利益の時間的関連性、言動等から、主観等を認定します。

　紛争パターン3は、身体に触った等が典型であり、申告された行為の具体的な内容と、両者の関係に基づいて真の同意が認定できるか等が争点になります。

　紛争パターン4は、社内不倫後のセクハラの申告の対応および社内不倫自体の対応が問題になります。

　紛争パターン5は、職場で卑猥な言動に及ぶ等であり、いわゆる環境型のセクハラの場合です。この場合は、対象者の行為、社会通念に照らした当該行為の評価等が問題になります。

　なお、セクハラについては均等法が同意の不存在を要件としておら**ず、同意がなくても就労環境を害する場合には当然に均等法上のセクハラが成立し**、労務管理上の対応が必要です。

　もっとも、この点に関しては、懲戒処分の量定等を主要な問題の１つとする本書では、かかる均等法上のセクハラの成立の有無ではなく、量定を決める点から、性的な言動等に対する「真の同意」の有無についても社内調査の対象として便宜上、設定しています。換言すれば、後述のように量定は結局、**均等法上のセクハラ該当性ではなく、就労環境を害した程度、精神的・肉体的負荷の程度、企業秩序に与えた影響等を勘案**するところ、その際の考慮要素の１つである被害者の主観として同意の有無、真に自由な意思による同意か等を問題にしているということになります。

　なお、以下では説明の便宜のため①同意の存在、②①が真に自由な意思に基づくことを併せて「真の同意」と記載しています。

図 3-2　紛争パターン

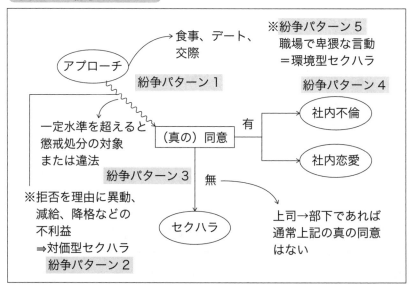

1　事実認定

(1)　ヒアリングの進め方

　セクハラは、多くの場合、目撃者（第三者）がおらず、事実認定は双方の供述のどちらが信用できるかで判断するのが通常ですので、ヒアリングが極めて重要になります。

　進め方のポイントは、第1にセクハラという性質および早期に社内調査を終了させる必要性から、第三者のヒアリングについては事実認定上必要最小限の人数に限定して実施すべきということです。

　第2に、セクハラに関するヒアリングは基本的に供述の食い違いが生じることが常であるところ、適正な事実認定を行うため可能であれば、被害者と加害者のヒアリングは同一人物が行うべきということです。

(2)　必ず認定すべき事実

　セクハラの事案において必ず認定し、調査報告書で記載する必要があるのは以下の1～8の事実です。

　その中で、1のセクハラに該当する客観的事実、2の性的関係についての真同意の有無の認定が重要です。

　1～4の懲戒対象行為と5～8の**量定上考慮すべき事実**を認定し、以下の事実を前提に処分（懲戒処分、普通解雇、人事異動等）を決定します。

　2に関して言えば、**通常の私人間の問題とは異なり**、上司、部下、先輩、後輩、同期等の両者の関係（地位・役職・権限等）にも十分に留意して、**真の同意があるか**を慎重に検討する必要があります。調査対象者が人事権を有するか、社内における事実上の影響力の有無・程

度等がポイントになります。当職の感覚で言えば、上司・部下の関係であれば後述の交際や不倫関係にあった等の例外的な場合を除いて、セクハラ行為について**真の同意があった等の認定はおよそ困難である**と思われます。

　また、真の同意の認定の際には、後述のセクハラ被害者の心理状況を十分に踏まえることが重要です。

セクハラ事案において社内調査で必ず認定すべき事実

1　具体的なセクハラ行為（5W1H で正確に）
・特に身体的な接触の有無・詳細な内容を
・言動の場合も具体的に（「体型に関する言動」等の抽象的な認定ではなく具体的に認定する）

2　真の同意に関する事実
・調査対象者の権限・地位・役職等
・上記の権限等を示唆したか
・上記に対する被害者の言動

3　期間（始期と終期を必ず認定する）
　なお、行為がエスカレートしたような場合はエスカレートした時期も認定する。

4　被害者の数

5　これまでに同様の行為で注意指導、懲戒処分を受けたか

6　被害の大きさ
　→被害者の精神障害の発症の有無、退職者の有無[1]、就労不能期間の有無・期間等

7　セクハラ教育の実施の有無・内容・頻度

---

[1]　例えば、L 館事件（最一小判平 27 年 2 月 26 日労判 1109 号 5 頁）では、問題となったセクハラ言動が一因で**女性従業員が退職した事実**も企業秩序や職場規律に及ぼした影響が大きいことの現れであるとして、量定上、重い処分の有効性を基礎付ける事実の 1 つと評価している。

8　役職[2]・業務内容（特に、法務部、コンプライアンス部、人事部等の場合は、職務の内容からセクハラを防止する立場にあることから重い処分の有効性を基礎付けることになる）

⑶　セクハラにおける事実認定の6つの留意点

　被害者の供述に関しては基本的には第1章第3節（45頁）で指摘の5つのメルクマールに従って信用性を吟味しますが、セクハラ事案の場合には以下の㋐～㋕の6つのポイントにも十分留意して事実認定を行います。この点は主として**図3-2**（100頁）の紛争パターン3で問題になります。

㋐　供述内容の合理性

　セクハラの事案は、1対1の関係で行われることが一般的であり客観的証拠に乏しいので、その行為の存否は、第1章第3節で指摘の5つのメルクマールのうち、**❷供述内容の変遷**、**❸供述内容の具体性**、**❹供述内容の合理性**が重要なポイントになります。

㋑　迎合する言動の評価

　社内調査において、被害者が、セクハラ行為から逃げなかった、助けを求めなかった、加害者の指示に従う行動をとった、申告が遅い等の事実が認定できる場合があります。このような場合において、このような事実のみからセクハラ行為自体がなかった、または真の同意があった等と認定するのは誤りです。

　すなわち、セクハラの被害者は、**加害者の行為によって強い心理的な負荷を受けるのが通常**であり、仮にセクハラ行為が存在すれば、被

---

[2]　参考として上記L館事件では、**管理職であったこと**を重い処分の有効性を基礎付ける事情の1つとして評価している。

害者は意に反する以上、抵抗したり、助けを求めたり、逃げたりする
のが通常であるという**経験則は存在しない**ということです。

　後述の性行為等の真の同意があったように見える行動（加害者に好
意を示すメール・手紙、プレゼントをする等）が認定できる場合も同
様です。

　この点については、NPO 法人日本フェミニストカウンセリング学
会・性犯罪の被害者心理への理解を広げるための全国調査グループ
『性犯罪の被害者心理への理解を広げるための全国調査事業報告書』
（2011 年）において、被害者が加害者に好意を示すメールを送る、プ
レゼントをする等の同意の上での性行為であって「意に反した」セク
ハラではないと誤解される、理解されにくい行動をとることが指摘さ
れています。

　換言すれば、第 1 章で指摘した点からは、④供述の合理性等から一
見問題がありそうに見えても、当該被害者の心理状態を踏まえれば当
該供述の合理性は否定されないということです。

　そのため、社内調査においては、上記の点を十分に理解した上で**一
見するとセクハラの事実なかった、真の同意があったと評価しうる行
動を上記の視点から再検証**し、被害者の心理状態、その他の当時者の
関係、行動、事件後の対応、事件前後の事情との整合性等から被害者
の供述の信用性を検討することが肝要です。

　実際、上記の被害者の心理状態に対する無理解からか、下記のよう
に裁判例においても信用性についての判断が一審と高裁で全く異なっ
ています。

図3-3　迎合する言動の評価

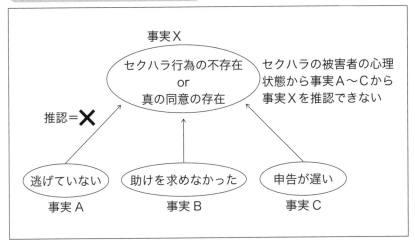

※横浜セクシャルハラスメント事件（一審否定：横浜地判平成7年3月
　24日労判670号20頁、控訴審肯定：東京高判平成9年11月20日
　労判728号12頁）

　同事件では事務所で2人きりの場で、女性が男性上司から抱きつか
れ、首筋や唇にキスをされ、服の上から胸、腰、股間等を触られる等の
強制わいせつと評価しうる行為の有無が争点になり、加害者が当該事実
を否認したことから、被害者の供述の信用性が問題になりました。

　第一審は、**被害を受けたのに抵抗したり、抗議しなかったのは不自然**
である等として、被害者の供述の信用性を否定し、セクハラ行為を認定
しませんでした。

　他方で、控訴審は下記指摘の**米国における被害者行動の研究**を指摘し
て、被害者が大声を出したり、外に逃げたり、助けを求めたりしなかっ
たことや、行為直後に普段どおり職場で昼食をとったこと等について、
不自然・不合理とは評価できないとして被害者の証言の信用性を肯定
し、セクハラ行為を認定しました。

「米国における強姦被害者の対処行動に関する研究によれば、**強姦の脅迫を受け、または強姦される時点において、逃げたり、声を上げることによって強姦を防ごうとする直接的な行動（身体的抵抗）をとる者は被害者のうちの一部であり**、身体的または心理的麻痺状態に陥る者、どうすれば安全に逃げられるかまたは加害者をどうやって落ち着かせようかという選択可能な対応方法について考えを巡らす（認識的判断）にとどまる者、その状況から逃れるために加害者と会話を続けようとしたり、加害者の気持ちを変えるための説得（言語的戦略）をしようとする者があると言われ、逃げたり声を上げたりすることが一般的な対応であるとは限らないと言われていること、したがって、強姦のような重大な性的自由の侵害の被害者であっても、すべての者が逃げ出そうとしたり悲鳴を上げるという態様の身体的抵抗をするとは限らないこと、強制わいせつ行為の被害者についても程度の差はあれ同様に考えることかできること、特に、職場における性的自由の侵害行為の場合には、**職場での上下関係（上司と部下の関係）による抑圧や、同僚との友好的関係を保つための抑圧が働き、これが、被害者が必ずしも身体的抵抗という手段を採らない要因として働くことが認められる。**したがって、本件において、控訴人が事務所外へ逃げたり、悲鳴を上げて助けを求めなかったからといって、直ちに本件控訴人供述の内容が不自然であると断定することはできない。」

※※P大学事件（一審否定：大阪地判平成23年9月16日労判1037号20頁、控訴審肯定：大阪高判平成24年2月28日労判1048号63頁）

被告の設置するP大学のB部教授である原告が、同学部の女性准教授に対して食事に誘った上で、店舗内において同准教授の左太ももに手をおき、年齢や婚姻の有無を尋ね、地下鉄内で左腕をつかんだとする被害者の供述の信用性が争点になりました。

第一審では、女性准教授が、当日の飲酒の誘いに応じたこと、店舗において途中で席を立っていないこと、帰宅の際に原告と同じルートを

通ったこと、別れ際に原告に握手を求め、別れた後も原告に感謝のメールを送っていることから女性准教授が証言するような**セクハラ行為があったとすれば、不自然・不合理である**として、セクハラ行為の事実の存在を否定しました。

　他方で、高裁では、女性准教授の証言が具体的かつ詳細で、迫真性があり、一貫しており、内容に特段不自然・不合理な点がないこと、同人に虚偽のセクハラ行為を作出して原告を陥れようとする動機がないこと、同人がセクハラを訴えることで自己のキャリア形成等にマイナスになるのではと考えて、救済申立てに至るまでの相当逡巡したこと、あえて虚偽のセクハラの被害を作出したとは言えないこと、**第一審が、セクハラ行為の事実を否定した上記の理由についても、原告が B 学部教授の地位にあって影響力があり、その誘いを拒否すると自己の立場に不利益が生じるとも限らない**と考えたとして、被害者の供述の信用性を肯定し、セクハラ行為の事実の存在を認定しました。

※※※ L 館事件最高裁判決・最一小判平成 27 年 2 月 26 日労判 1109 号 5 頁

　上記同様、以下のように指摘しています。

　「職場におけるセクハラ行為については、被害者が内心でこれに著しい不快感や嫌悪感を抱きながらも、**職場の人間関係の悪化等を懸念して、加害者に対する抗議や抵抗ないし会社に対する被害の申告を差し控えたりちゅうちょしたりすることが少なくない**と考えられる」。

㋒　真の同意の有無は立場を詳細に検討

　ヒアリングの実施によってセクハラに該当する事実が認定できた場合でも、加害者側から「合意があった」、「交際していた」等の理由で「意に反した」（そのためセクハラではない）とは評価できないとの主張がされることが多くあります。加害者に対して好意的とも評価できる行動をとっている場合、肉体関係等が複数回・長期的にわたってい

る事実が認定できる場合等です。

　このような場合には、ハラスメント行為と申告または事実のみならず、**双方の立場、関係性、前後の事実関係を十分に検討の上、対象となる行為について真に自由な意思による同意があったか**を認定する必要があります。

　特に、上司と部下の場合は、加害者の**人事権の有無、人事権の有無・内容の話をしているか、被害者に加害者が人事権を有していることの認識の有無**等を認定の上、地位を利用していることで真の同意がないと評価できるかが問題になります。

※ M 社事件（一審：同意を認定：東京地判平成 24 年 1 月 31 日労判 1060 号 30 頁、控訴審：同意を否定：東京高判平成 24 年 8 月 29 日 労判 1060 号 22 頁）

　被害者（翌年 4 月に入社予定の大学 4 年生）と、被告となった 2 名の男性（1 人は代表取締役（30 歳）、もう 1 人は女性の勤務先の店長）との性行為が合意によるものかが争点になりました。

　原審は、双方とも原告との性行為について同意があったと認定しました。

　他方で、控訴審は、被害者に対して人事権を有する代表取締役と原告との間には、**その立場を考慮すれば、心理的に要求を拒絶することは困難な状況であった**と評価し、自由な意思に基づく性交渉の同意があったとは言えないと評価し、慰謝料 300 万円の支払を認めています。

※※ S 工業事件・東京地判平成 22 年 2 月 16 日労判 1007 号 54 頁

　被害者が、**加害者（取締役）から経済的支援を受け入れていた状況の**中で、好意を示すメールの送付や食事同伴を条件とする経済的支援行為（2 年間で総額 300 万円）を認定の上、当該行為が違法かが争点になりました。

　裁判所は、支援関係を認定し、①支援を受けるために多少不快感を抱

きながらあえて受け入れたのか、②立場上受け入れざるをえなかったか
を見極めるために、**支援の金額・頻度・内容、支援を継続するような態
度をとったか、支援を断っても職務上の不利益がなかったか**等を詳細に
検討し、本件は①であると判断し、外形的にはセクハラには該当する
が、違法性はないと判断しました。

　なお、あくまでも違法性の点からは上記の判断は妥当ですが、両者は
職場の人間であり、そもそも上記のような経済的な支援自体が、労務管
理上は相当ではないので、人事権の行使等の当然に別途の対応が必要で
す。

㈔　性行為の継続の評価

　上記のように真の同意の有無に関して、申告者（被害者）が繰り返
し性行為に応じていた事実は、加害者側から真の同意の根拠として主
張されることがあります。

　しかし、被害者と加害者の間に被害者が加害者の要求に従わざるを
えないような事情や被害者に精神障害の発症が認定できる等の事情が
あれば、上記の事実があっても真の同意はなかったと評価するのが相
当です。

　上記㈦と関連しますが、加害者と被害者が上司、部下の関係にある
場合には、**人事権の有無や経済的援助等を勘案し、性関係を継続せざ
るをえなかった事情の有無を十分に検討すべき**です。

図 3-4　性行為の継続の評価

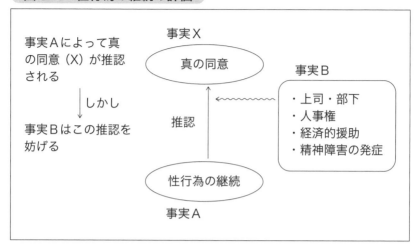

※航空自衛隊自衛官（セクハラ）事件（一審肯定：静岡地裁浜松支判平成28 年 6 月 1 日労判 1162 号 21 頁、控訴審否定：東京高判平成 29 年4 月 12 日労判 1162 号 9 頁）

　航空自衛隊空曹長であった乙と、非常勤隊員であった甲（シングルマザー）との、平成 22 年 10 月以降平成 24 年春頃までの性交渉が同意によるものかが争点になりました。

　一審は、①甲が乙にボールペンをプレゼントする等、**過去に強姦事実があったとは考えられないような情緒的人間関係が形成されていたこと**が伺われること、②いかに人事上の影響力を有するといっても、無理に接吻してくるようなもの（乙）と映画鑑賞に行くとは容易に考えられないこと、③甲の長女と動物園に行く際も強姦犯と同行することは考えにくいことを勘案し、強姦の事実は認定できない（性交渉は認定したが同意ありと評価した）としました。

　他方で、控訴審は、①メールの内容[3]を見ると、真剣な交際をしてい

3　公刊されている裁判例からは内容は不明。

たことは伺われない、②甲が自らの意思で乙との性交渉に応じ、乙と交際しながら、特段の抵抗もなく、他の男性との交際を乙に語り、なおかつ、その後も乙との関係を続けていたというのはいかにも不自然、③乙**はおりに触れて甲や、甲の交際相手（自衛官）についての人事上の影響力をちらつかせた**として、乙が地位を利用して甲が母子家庭で雇用や収入の確保に過敏になっているという弱みに付け込み、甲を支配し、性的関係の強要を続けたと評価し、意思に反した性行為であったと事実認定しました。

(オ)　恋愛関係のもつれは始期・終期の認定

　セクハラに関するヒアリングをしていて非常に多いのは、話を聞いていくうちに加害者と被害者間に過去に交際関係や不倫関係があり、そのもつれ（一方が納得しない解消等）に伴って、被害者がセクハラの申告に発展したような場合です。

　肉体関係等は、真の同意があれば基本的にセクハラではありませんが[4]、このような場合には、両者のヒアリングやメール等から①交際の始期、②終期を認定し、セクハラとして申告された行為が交際期間の内か外か否かを正確に事実認定することが必要です。

　もっとも、交際の終期の認定や、交際の有無・内容の認定は、一定の社会的な評価を伴うことから困難な場合が多く、さらに不倫関係、肉体関係のみ、一定の利益の移転がある等の真摯に交際しているかも含めて判断が非常に困難な場合が多いと言えます。

　認定が困難な場合が多いですが、基本的には、**認定される両当事者の関係から、社会通念に照らして、問題とされる性的な関係**等までも容認する関係であったかを検討していくほかありません。ただし、**こ**

---

[4]　「「両者が当時恋人であったこと」は、セクハラ行為としての**違法性を否定す**る方向の事実となる」と指摘されている（白石哲編著『労働関係訴訟の実務（第2 版）』（商事法務）289 頁）。

の点は個人的な考え方に多分に依拠するものであり、交際している以上通常この限度で容認していた等とは認定できないことには留意すべきです。

　また、意趣返し的にセクハラを申告してくる場合もありますが、そのような場合には、証拠の有無等を聞いて、なぜ当該事実から意に反したと評価しうるか等の「根拠」となる事実を固め、虚偽の場合には申告した側が懲戒処分になる可能性が高いことを示し、その上で信用性を慎重に検討するほかありません。

図 3-5　過去の恋愛関係とセクハラ

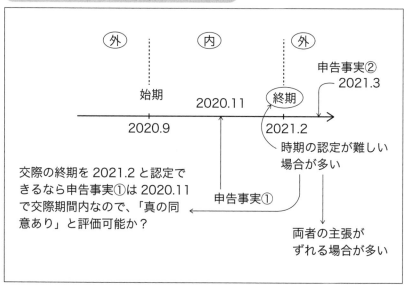

(カ)　量定と事実認定の問題

　セクハラは**社会的におよそ容認されない行為**であり、レピュテーションリスクが高く、労務管理の点からも厳格に対応しないと企業の秩序が維持できないのは厳然たる事実です。

　しかし、ここで重要なのはセクハラに対して厳格な対応をすべきは

あくまでも**量定の問題**であって、**事実認定の問題ではない**ということ
です。

　セクハラの事実認定上、争点になる真の同意の有無や性的な接触等
の事実認定においては、上記指摘の被害者の心理状態を十分踏まえる
必要はありますが、他方で上記の**セクハラを許さない世間の流れとは
無関係に信用できる証拠にもとづいて客観的に事実認定をする必要**が
あります。この点に留意せず勢いで処分をした場合には、当然に会社
の敗訴判決につながり、結局会社が負う傷が大きくなることになりま
す。

2　法的評価

(1)　ポイント

㋐　セクハラ該当性はそれほど重要ではない

　認定した行為が均等法上や造語であるいわゆるセクハラに該当する
ことからストレートに懲戒処分の量定や会社の対応が決まるものでは
ありません[5]。

　懲戒処分等の対応論で重要なのは、認定した事実がセクハラか否か
を時間をかけて過度に議論することではなく、むしろ**行為態様を中心
に**事実認定を適正に行い、客観的に見て①どの程度就労環境を悪化さ

---

[5]　この点については、パワハラについてであるが、「パワハラという概念への適
　合性の有無から演繹的に何らかの法的効果が生ずると判断しているものではな
　い」と指摘されている（山川隆一・渡辺弘編著『労働関係訴訟Ⅱ』（青林書院）
　569 頁）。

せたか、②どの程度の肉体的・心理的負荷を与えたか、③どの程度企業秩序を侵害したかを検証し、早期に対応を実施することです。

㈑　行為態様の悪性の評価は 4 段階

　量定の主要な考慮要素である行為態様の悪性の程度については、1つの考え方として、以下の 4 つのレベル（段階）があります。セクハラにおいては、認定した事実が、①以下の 4 つのどのレベルに該当するかをまずは決めて、それを**基準**に、②加重する要素（再犯、被害者数、期間、注意指導の有無等）で**調整**を図るのが相当です。

セクハラの 4 段階

①　刑法上の構成要件に該当する行為**（陰部に触れる、乳房をもてあそぶ、無理矢理キスをする等）**

②　民事上の不法行為に該当する行為**（着衣の上から臀部に触れる、性的事柄に関するうわさを言いふらす）、**

③　均等法 11 条の要件に該当する行為**（性的な冗談を言う、執拗に食事に誘う、不必要に体に触る）、**

④　就業規則等により当該企業において企業秩序違反として罰する行為（「子供はまだか」ときく、任意参加の酒席でお酌を強要する、「女の子」「おばさん」と呼ぶ）

図 3-6　セクハラ 4 段階

① **刑法上の違法行為**
　＝強制性交等・強制わいせつ罪等に該当するか
② **民法上の不法行為**
　＝社会的相当性を著しく逸脱した方法で心理的
　　負担を与えたか
　　（①を含む）
③ **行政指導**
　＝均等法 11 条 1 項の要件に該当するか
　　（①、②を含む）
④ **企業秩序**
　＝企業が決定したルールに該当するか
　　（①〜③を含む）

懲戒の量定の目安（法的な側面）

①	②	③	④
懲戒解雇	降格 出勤停止 （普通解雇）	出勤停止 減給 譴責	譴責 注意指導

(ウ)　**身体接触がある事案は重い処分が可能**

　裁判例上、**身体的な接触のあるセクハラ行為の場合は、被害者に与えた負荷の程度や企業秩序侵害の程度から重い処分が有効**とされる傾向にあります。

　ただし、身体的接触がないから、厳しい処分はできないという考え方は間違いです。

　すなわち、第 1 に「対価型」（**図 3-2** 紛争パターン 2（100 頁））のように**地位利用の事実**が認定できれば、重い処分は十分に可能です。この場合には権限、権限（不利益）の示唆等で、地位の利用を認定し

ます。

　第 2 に、身体的な接触のない「環境型」（**図 3-2** 紛争パターン 5）の場合でも、発言等の内容によっては、一定期間の出勤停止等の相当程度重い処分も法的に有効とされる余地が十分あります。

　例えば、最高裁平成 27 年 2 月 26 日判決（L 館事件）（労判 1109 号 5 頁）では、身体接触のない事案でしたが、発言の内容、期間、実際に退職者が出ていること等から、出勤停止 30 日の懲戒処分を有効と評価しています。ただし、ここで認定された発言内容は、**不倫相手との性交渉の具体的な内容等**であり**表現内容も露骨**であるという相当悪性の高いものであり、この点が上記の重い処分の有効性を基礎づけたものと評価すべきであり、通常の環境型ではこの程度の処分の有効性を当然には基礎づけるものではないことには留意が必要です。

⑵　懲戒処分および普通解雇等

　以下では、上記の 4 段階のモデルの具体的な考え方を解説します。

㋐　刑法レベル（上記①）

　企業秩序の維持、労務管理の点からは行為内容に照らし、当該行為を行った従業員に対する懲戒処分は、**懲戒解雇を含む労働契約解消しかありえません**。このような事案で訴訟提起をおそれて、または人間関係や業務上の理由（稼ぎ頭である、重要なプロジェクトの責任者である、代替要員がいない等）で、契約解消をしない処分に留めるのは「会社」ではありません。

　加害者から退職の意向が示された場合に、退職届を受け取るかは、会社としてのけじめや、ステークホルダーや監督官庁との問題もありますが、他方で**被害者の意向等との調整も重要**になります。仮に懲戒解雇後に地位確認等の訴訟になった場合には、被害者が証人尋問を請求される可能性が高く、その場合には被害者にさらなる精神的な負荷

を与えてしまうことが容易に想定されることから、この点も十分に踏まえて対応を決定する必要があります。

　また、上記の点を踏まえて実務上、懲戒解雇が相当の事案でも、退職金の没収までした場合には訴訟になる可能性が相当程度高まることから、実務的な判断として訴訟を避けるために普通解雇に留めることも十分検討に値します。

(イ)　民法レベル（上記②）

　懲戒処分の程度としては、過去に同様の行為を理由に懲戒処分を受けている等の事情があれば別ですが、**初犯の場合には**、一般的には懲戒解雇・諭旨解雇は有効性が肯定される可能性は低く、普通解雇も一般的には有効性が肯定されるのは困難です。

　他方、**過去に同様の行為を行い、懲戒処分を受けている場合は**、事案（行為態様、退職者や精神障害の発症等の被害の発生の程度等）にもよりますが普通解雇が有効とされる可能性も十分あります。

　上記を踏まえ一般論としては、出勤停止数日から降格程度が相当です。出勤停止の場合の日数は過去の処分事例を参考に、行為態様を主要な要素として決定します。

　ただし、行為態様、企業の事業内容、役職等から②のレベルの場合の初犯の場合でも退職勧奨を実施し、退職届の提出を求める場合もあります。

(ウ)　労働行政レベル（上記③）

　上記①・②の行為と比較すれば悪性は高くはありませんが、企業秩序を侵害する行為であることには疑念の余地はなく、その上で近時の種々の法改正やセクハラに対する社会通念の変容等に照らせば、一般論としては、譴責や減給程度であれば、十分に法的な有効性が肯定されると思われます。

　ただし、行為態様、継続性等を勘案し、一定の場合には出勤停止レ

ベルの処分をすることも十分検討に値します。

(エ)　企業秩序レベル（上記④）

　④の中でも行為の悪性の程度や就労環境に与える程度が異なることから、一般論としては、この点を勘案し、注意指導、譴責の枠の中で処分を実施するのが訴訟を見据えた場合には適切な対応です。

(3)　違 法 性

　上記②に関連しますが、セクハラと評価されるものであっても全てが当然に違法と評価されるものではなく、従業員の人格的尊厳や性的自由を侵害するような社会的相当性を逸脱したものと評価される水準の行為が違法（民法 709 条）と評価されます。

　一般的には、①**被侵害利益の程度が重大**なものや、②被侵害利益の程度が重大とはいえなくても**行為が反復継続**して行われる等悪性の高いものは違法とされ、他方、相手に不快感を与えるようなものであっても、被侵害利益の程度が重大ではないものは、違法とは評価されない傾向にあります。

※**金沢セクシャルハラスメント（土木建設会社）事件名古屋高裁金沢支判平成 8 年 10 月 30 日労判 707 号 37 頁**

　　同事件では、「職場において、男性の上司が部下の女性に対し、その地位を利用して、女性の意に反する性的言動に出た場合、これがすべて違法と評価されるものではなく、**その行為の態様、行為者である男性の職務上の地位、年齢、被害女性の年齢、婚姻歴の有無、両者のそれまでの関係、当該言動の行われた場所、その言動の反復・継続性、被害女性の対応**等を総合的にみて、それが社会的見地から不相当とされる程度のものである場合には、性的自由ないし性的自己決定権等の人格権を侵害するものとして、違法となるというべきである」と判断要素を指摘して

おり、違法性を検討する際に一定程度の参考になります。

　ただし、平成 8 年の判決であり、社会のセクハラに関する現時点の状況および社会通念の変容を十分に踏まえていないとも評価しうることから、あくまでも参考として考えるべきです。

※※ハラスメント行為によるレピュテーションリスクの整理（パワハラと共通）

　上記①の場合は、**それ自体で当事者の逮捕、送検等でマスコミによる報道、ネットへの書き込み等によってレピュテーションリスクが生じます。

　上記②の場合は、訴訟に関連する記者会見、判決等の報道、ネットへの書き込み等によってレピュテーションリスクが生じます。

　上記③の場合は、行政指導の対象となりますが、実際に勧告、企業名公表になるリスクは低く、かつ現実問題として多くの企業においてこのようなハラスメント行為は、現時点において一定程度存在することから、これらの点からのレピュテーションリスクの発生の可能性は一般的には低いと評価できます。

　ただし、従業員が上記①～③の行為により、**精神障害を発症し、さらに自殺し、これが業務災害認定された場合**、記者会見ないしそれに伴う報道、裁判という形で非常に大きな経営リスクになります。

3　社内調査報告書

　ヒアリングを踏まえた事実認定（第 2 ）、法的評価の結果等（第 3 ）を、例えば以下のように記載します。

書式3-3　社内調査報告書

○○株式会社　御中

調査報告書

○○法律事務所
弁護士　○○　○○
同　　○○　○○

　○○○○（以下「申告者」）より申告のあったセクシャルハラスメント事件（以下「本件」）についての当職らの調査結果は下記のとおりである。

記

第1　はじめに
1　本件報告書の目的
2　前提条件
3　本件の事実認定上の主要な争点
　　申告された事実である令和○年○月○日に開催された○○株式会社の第2営業部の懇親会の後の二次会の帰りのタクシーの中で、上司である甲（調査対象者）が部下の1人である申告者をホテルに誘い、その際に右太ももを数秒間触った事実を認定できるか

第2　事実認定
1　前提となる事実関係
・両者の最初の接点
・両者の業務内容および業務上の接点
・調査対象者の権限
2　本件申告事実について
　　下記指摘の申告者供述の信用できる部分および信用できる○供述等から以下の事実が認定できる。
・○。
・○。
3　事実認定の補足説明
・証拠の構造
・申告者供述の信用性
・調査対象者の供述の信用性

第 3　対　　応
　1　懲戒処分の量定
　　・4 段階のうちどのレベルか
　　・加重・軽減要素の有無・内容
　2　人事処分の実施の要否（異動・降格）
　3　監督責任の有無
　4　違法性の評価

第 4　再発防止に係る提言
　1　原因の所在
　2　提　　言

以　上

第 4 節

対　　応

1　懲戒処分

　第 2 章および前記の法的な評価、労務管理上の問題点を踏まえて、懲戒処分の程度を決定します。

2　人事異動

(1)　加害者の異動がセオリー

　セクハラに該当する事実が認定できる場合には**懲戒処分の実施を待たずに**、速やかに加害者を異動させます。

　この対応が遅いと、被害者の精神障害の発症、悪化等の別個の問題等が生じます。

　被害の程度、企業規模や業務内容に照らして、**物理的な接触の可能性を下げる**ために異動を実施します。この場合のポイントは、仕事の内容を変えるばかりでなく、可能な限度で就労地を変える等して、この点からも接点をなくすことです。変更後も、職務上、物理的な接点があったのでは、安全配慮義務の点から異動を実施する意味が大きくありません。

　セクハラと評価しうる事実が認定しうる場合において、仮に被害者を異動させると、何の帰責事由のない被害者の就労環境を変える合理的な理由がないこと、他の従業員に対して会社にセクハラの申告をすると異動させられるとの誤解を与え、他の従業員によるセクハラの申告が適正になされなくなります。そのため、加害者を異動させるのが原則的な対応です。

(2)　被害者を異動させる例外事情

　企業によっては加害者とされる従業員が、代替性がない業務に従事しており、そのため異動をすることで業務上の顕著な支障が生じることが想定される場合もあり、このような場合には、あくまでも例外的に被害者に十分な説明の上で、被害者に異動の打診をすることも検討に値します。

　しかし、上記のような措置を講じた場合には、結局会社は就労環境より重要な仕事についている人を優先するとの印象を被害者のみならず他の従業員にも与え、長期的な視点で考えた場合、ロイヤリティの低下を招く等企業の適正な運営を困難にする要因になることから基本的には避けるべきです。

(3)　認定できなくても精神障害を発症していれば異動を実施

　申告されたセクハラに該当しうる**事実が認定できなくても**、人間関係が問題等で被害を申告した従業員が**既に精神障害を発症している場合**には、必ず異動を実施します。異動を実施しない場合には、体調悪化の事実を認識しながら、会社として対応をしなかったことを理由に安全配慮義務違反と評価される余地が十分あるためです。

　なお、このような場合に異動を認めると、会社は被害を申告すれば

実際にハラスメントがなくても異動を認めるとの誤解を周囲の従業員に与えかねず、組織運営上の核となる権限である配転命令権の適正な運用という労務管理の点からは一定の問題がありますが、上記第 1 章第 1 節で指摘のとおり優先順位の点から安全配慮義務を重視し、必ず異動を実施すべきです。

3　被害者との示談等

　上記の社内調査の結果、レベル①または②の事実が認定できる場合には、訴訟リスクの点等から会社側主導で、被害者である従業員に対して謝罪や示談を打診することがあります。

(1)　業務関連性（民法 715 条 1 項）の判断

　この場合には、まずそもそも使用者責任（民法 715 条）を負うような事案かを、検討します。

　使用者責任は、「事業の執行について」なされたこと（業務関連性）が要件であるので、当該セクハラ行為について、業務関連性が認められるかを従前の裁判例に照らして判断します。

　基本的な判断要素は、①行為が行われた場所・時間（所定労働日か、所定労働時間内か、会社施設内か）、②上司としての立場、権限の利用の有無です。セクハラが本来の勤務時間以外の時間帯や、通常の就業場所以外で行われた際にも、上記の②が認定できる場合には、使用者責任が成立することがあります。

　ここで重要なのは、法的検討の結果、法的責任がないと判断できる場合でも、**使用者責任を負わないからという理由で示談を会社として全く両当事者間に委ねていいというものではないということです**。会社として事実を把握している以上、例えば新卒社員とベテラン従業員

間の場合等には関与することを検討すべきです。

　また、被害者が当該企業の従業員ではない場合には基本的には示談等は当事者に委ねますが、被害者が顧客等の場合には、使用者責任をいずれかのタイミングで追及される可能性があることや、自社の従業員と揉めて外部に出る可能性等から、いったん会社が介入して示談を進めるべき場合もあります。

※広島セクハラ（生命保険会社）事件・広島地判平成 19 年 3 月 13 日

　　忘年会でのセクハラ行為について、①忘年会が被告会社の営業日で、しかも職員の勤務時間内に行われたこと、②営業に対する慰労を兼ねたものであったこと等から、業務関連性を肯定しています。

※※大阪セクハラ（S 運送会社）事件・大阪地判平成 10 年 12 月 21 日労判 756 号 26 頁

　　会社の**私的な飲み会**での**二次会**での性的な嫌がらせについて、被害者の職種であるオフィスコミュニケーターは加害者の職種であるドライバーと組んで集配等の業務を行うところ、上司である加害者が**仕事の話を絡ませながら性的な嫌がらせを繰り返した**と認定し、職務に関連させて上司たる地位を利用して性的な嫌がらせを行ったと評価して業務関連性を肯定しました。

⑵　金額の水準は？

　次に、使用者責任を負う可能性が高い場合で、会社として被害者と示談を試みる場合は、まずは以下のような裁判例を参考に金額を決定します。

　ただし、後述のように職場でのセクハラ行為後に従業員が退職したといっても**直ちにセクハラ行為と①精神障害の発症および②退職との間に因果関係が肯定されるわけではない**ので、原因となったセクハラ

行為と①精神障害の発症および②退職との間の相当因果関係を慎重に検討する必要があります。1 つのポイントは、セクハラ行為と精神障害の発症の時期の間隔、診断書にセクハラ行為の記載があるか、他の原因から別途精神障害を発症しうる可能性等です。

図 3-7　セクハラ行為との因果関係の検証

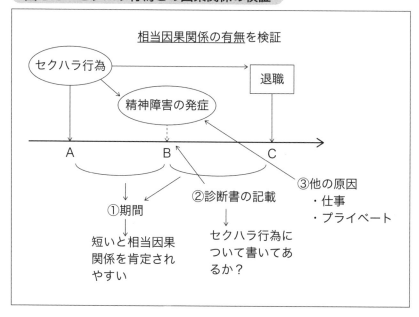

〈請求される費用〉

1　治療費、通院交通費等の実費

2　慰謝料

　セクハラの内容が、悪質である場合や、精神障害が発症した場合は、高額化する傾向にある。

・「男要らず」と 1 度言っただけ

10 万円（千葉地裁松戸支判平成 12 年 8 月 10 日判時 1734 号 82 頁）

・頭に 2 回触ったこと、愛しているとメッセージを送信
10 万円（東京高判平成 28 年 12 月 21 日 LLI/DB 判例秘書登載）

・性的関係の強要を伴うキャンパス内でのセクハラ
750 万円（仙台地判平成 11 年 5 月 24 日判タ 1013 号 182 頁）

・性的暴行によって退職に至った
350 万円（東京地判平成 27 年 5 月 27 日 LLI/DB 判例秘書登載）

・セクハラにより PTSD 等
180 万円（東京地判平成 12 年 3 月 10 日判時 1734 号 140 頁）

3　逸失利益

　セクハラで会社を退社せざるをえなくなった場合に、逸失利益が損害として認定される場合がある。下記のように 6 か月ないし 1 年認めた裁判例あり。ただし、下記の N 銀行と青森セクハラ事件は会社の対応も因果関係の対象になっており、この点を踏まえた金額になっている点に留意が必要である。

・N 銀行事件・京都地判平成 13 年 3 月 22 日判タ 1086 号 211 頁
逸失利益賃金 1 年分

・岡山セクハラ（従業員派遣会社）事件・岡山地判平成 14 年 5 月 15 日労判 832 号 54 頁
逸失利益賃金 1 年分

・青森セクハラ（バス運送業）事件・青森地判平成 16 年 12 月 24 日労判 889 号 19 頁
再就職が困難である状況、住宅ローンを抱えていた事実等を勘案し、逸失利益賃金 1 年分（約 316 万円）

(3)　求償の問題

　判例上[6]、使用者責任を会社が負う場合でも、会社が被害者に賠償後において損害の公平な分担という見地から信義則上相当と認められる限度において、従業員に対して損害の賠償が可能であると解釈されています。

　しかるところ、セクハラについては、基本的には加害者の個人的な問題の側面が強く会社に落ち度がないと評価できる場合[7]が通常であるところ、金額にもよりますが、早期の解決のため一旦、会社が支払い、その後に全額を従業員である加害者に負担させる場合もあります。このような場合には、求償の額、期間等で加害者と別途の新たな紛争にならないように、被害者との合意前に事前に別途加害者会社間で書面等で合意しておくべきです。

　他方、パワハラの場合でとりわけいじめ目的が認定できず、相当性の点のみが問題になった場合には業務に関係する面が一定程度あること等から、わずかに相当性を欠くと評価できるケース等では一定額を会社が負担することもありえます。しかし、守秘義務を課すとはいえ、他の従業員との関係から、誤解を招くことがないように、よほどの事情がない限りは、会社が負担することは避けるべきと言えます。

(4)　示談の際に必ず入れるべき条項

　被害者と示談をする場合には、使用者責任の問題が生じる（別途会社に対して請求する）ことを避けるために、三者間で合意をし、守秘

---

[6]　茨城石炭商事事件・最一小判昭和 51 年 7 月 8 日判タ 340 号 157 頁
[7]　セクハラ研修や注意指導等を適正に行い、かつ過去に該当者についてセクハラ行為がなく、そのような傾向があると容易に認識しえず、かつ問題となった行為にも継続性がないような場合等。

条項、清算条項を必ず入れます。

書式 3-4　合意書

合　意　書

　○（以下「甲」）、○（以下「乙」）および○株式会社（以下「丙」）は、乙が甲に対して令和○年○月○日に不適切な言動をした件（以下「本件」）について下記のとおり合意（以下「本件合意」）する。

記

1　乙は、甲に対して本件の解決金として金○万円の支払義務があることを認める。

2　乙は、前項記載の金員を、令和○年○月末日限り、甲が指定する以下の口座に振り込む方法によって支払う。なお、振込費用は乙の負担とする。
　　金融機関：○
　　口座番号：○
　　口座名義：○

3　甲、乙および丙は、本件合意の内容、本件合意に至る経緯について正当な理由なく第三者に口外（口頭、書面、SNS での公開を含むがそれらに限られない）しないことを確約する。

4　甲、乙および丙は、本合意書に定めるほか、本件に関して甲乙間、甲丙間に何らの債権債務が存在しないことを相互に確認する。

　以上の合意が成立したので、本合意書 3 通を作成し、甲乙丙それぞれ署名・押印したうえ、各自が各 1 通を所持する。

令和○年○月○日

　　　　　　　　　　　　　　　　　　　　　　　　　（甲）
　　　　　　　　　　　　　　　　　　　　　　　　　（乙）
　　　　　　　　　　　　　　　　　　　　　　　　　（丙）

ポイント

※　甲・乙ともに在職者であることが前提。退職者である場合は、4 項の「本件に関して」を削除の上で「丙の就業規則その他の合意によって、甲乙が退職後も丙に対して負っている義務を除き」等の文言を加える。

4 再発防止策

(1) ホットライン等が機能しているかの確認

　一番避けるべきなのは、**セクハラ事案が眠っていてその間に事態が悪いほうに進み、精神障害の発症、自殺等に至ることです。**

　そのため、そのような段階に至らない段階で、会社が対応に入れるようにホットラインが十分に機能しているかを精査する必要があります。この際は、同種の会社、従業員数の会社を担当している弁護士等に、数や質の点で不自然な点がないか等を意見を求める等が有用です。

	ハラスメントの実際の数が多い	ハラスメントの実際の数が少ない
顕在化（ホットラインが機能）	パターン1	パターン3
潜在化	パターン2 （最悪のパターン）	パターン4

　この点、ホットラインを開設すると、セクハラではない事案（申告した事実認定ができる場合でもセクハラに該当しないもの等）の通報が一時的に増える等の場合もありますが、**セクハラ事案の情報を広く入手することをまずは優先すべき**ですので、いったんは間口を広くすることが相当です。

(2)　管理職の任用基準の再確認

　企業は営利目的の集合体である以上、能力の高い人間を重宝し、役職等に配置するまたは待遇を良くすることは、能力の高い従業員のモチベーションを上げるという点で短期的な面で見れば、一定の合理性があります。

　しかし、近時のハラスメントを中心とする労働法制の変化、社会の認識の変化に伴い、深刻なセクハラやパワハラが発生した場合の企業イメージに与える影響は甚大であり、セクハラ気質でも能力が高い場合には重宝する傾向は**長期的な面**で見れば、企業価値を毀損することにつながります。

　そのため、上記のような運用の有無について、管理職やリーダー等の部下を持つものに対する任用基準の再点検をすべきです。

　この際には、規定の記載ぶりだけを直すのではなく、運用を見直し、**役員会等でコンセンサスを固め**、能力は高いがハラスメントの傾向のある者には部下を持たせないことを会社として徹底すべきです。

　一定の時間を要しますが、この運用が浸透すればハラスメントをすれば昇進できないとの**認識が従業員に共有**され、その結果、昇進を目的としてハラスメントを抑える等の行動を一定程度は期待できます。

(3)　社長メッセージ

　人事部やコンプライアンス部の判断ではなく、**会社の意思で実施していることを伝える**ために社長主導で一定のメッセージを出すべきです。

⑷　研修の内容の変化（PDCA）

　毎年同種のセクハラ事案が繰り返されているような場合には、個別の対応（社内調査→懲戒→公表）に留まらず、企業における懲戒事案の傾向を分析し、従業員向けの研修の内容・方式を大幅に変える（コンプライアンスを全体的に研修するのではなく、**頻発する事案を重点的に扱う、実際にあった問題を紹介する**等）などを検討すべきです。

　例えば、飲酒に絡むセクハラ事案が多い企業の場合には、会社の懲戒事案の傾向や懲戒事案の内容（事実関係、処分内容等）を具体的に従業員に示し、その上で重点的に飲酒に絡むセクハラの研修を実施するべきです。

　また、研修の際には、法的な概念の説明に留まらず、実際にどのような行為がハラスメントに該当するかを具体的にイメージできるように、一定のケースや具体例を交えて解説することが重要です。

第5節

その余の問題

1　虚偽の通報等をした場合の申告者の処分

　表題のような場合には、会社の制度をもっぱら自己の利益のために利用したものであり、普通解雇も十分に想定しえます。

　どの程度の処分をするかについての考慮要素は、例えば、以下のような事情です。

・事実の虚偽か、表現（評価）の問題か

・当該虚偽の通報をしたことについて精神状態等の酌むべき点があるか

・どの程度真実を含むか（全くの虚偽か）

・通報の「主たる」目的（「意趣返し」まで認定できるか）

・虚偽通報を繰り返したか、単発か、会社側が解決済として今後対応しないと明確に告げたのに繰り返したか

　ただし、このような処分は事実上、通報に対する一定の萎縮効果があり、労務管理上は、明確に虚偽と評価でき、悪性が顕著な場合に限って実施すべきです。

※骨髄移植推進財団事件・東京地判平成 21 年 6 月 12 日労判 991 号 64
頁

　財団法人の総務部長が、その常務理事の職員に対するセクハラ・パワ

ハラ的言動を告発する報告書を理事長に提出したところ、財団が虚偽の内容を含む報告書を提出したことを 1 つの理由に懲戒解雇したものです。この事件では、報告書提出後に弁護士による外部調査が実施され、セクハラ・パワハラに当たる事実はなかったが、不適切な言動があったこと、パワハラ・セクハラがあったとは断定できないとの結論が示されました。

　東京地裁は、「事実ではない事柄を、**不当な目的**で、不相当な方法で行うのであれば、違法なものとなり、懲戒事由ともなりうる」との判断基準を示し、その上で、不正確な部分もないではないが**同報告書はおおむね客観的事実と一致**しており、違法不当な内容とはいえず、同報告書の提出行為は、そもそも懲戒事由に該当しないとしました。

2　社内不倫の処理

　社内調査によって、申告者と調査対象者が過去に社内不倫の関係にあったことが明らかになることがあります。実際には、社内での不倫関係終了後、円満に清算できず、一方当事者からそもそも合意での不倫ではなく、立場を利用して関係を迫られたと申告をする事例が多数あります。

　このような場合に、関係終了後の行為は本章第 3 節のとおり内・外の議論に従った対応になりますが、**過去または現在の社内不倫自体**について会社としてどのように扱うかが問題になります。

　社内不倫自体については、（ストーカーや地位利用等の不当な事情のない）純粋に任意と評価しうる社内不倫のみを理由とする普通解雇は、過去には有効とした裁判例[8]もありますが、業務に具体的な支障が生じたり、営業上の損害が生じた等の事情がない場合には、一般論としてはこの一事のみでの普通解雇については法的な有効性を肯定することは困難であると思われます。

　ただし、社内不倫は、企業秩序の点から看過しえない**不適切な行動であることに疑義はなく**、他の従業員のモチベーションの低下や不快感、部下と上司の場合は人事評価が適正になされたかに関する疑義等の点から労務管理上放置することは適切ではなく、異動、降格、注意指導等の措置を講ずることもあります。

　なお、外部での不倫は従業員としての対面や会社の信用にかかわる事態になることがあります。このような場合には、地位や外部への影響（不倫の相手が取引先の従業員か等）を調査の上で対応を決定します。

3　労災申請対応

　社内調査で認定した事実を前提に対応します。

　業務起因性の判断では、「心理的負荷による精神障害の認定基準」[9]の「37　⑦セクシャルハラスメント：セクシャルハラスメントを受けた」の項目の「弱」「中」「強」のいずれに該当するかを意見します。

　なお、ここで注意すべきは、胸や腰等への身体接触をともなうセクシャルハラスメントであって行為が**継続していない場合**で本来は「中」と評価される場合でも、**被害者が会社に相談したが、適切な対応がなされなかったまたは会社の相談後に人間関係が悪化した場合は「強」**

---

[8]　例えば、エムケイ観光事件・東京地判平成 5 年 12 月 16 日労判 647 号 48 頁ではバスガイドと情交関係を持った運転手に対する普通解雇の有効性を肯定していますが、①地位利用、②業務の特殊性（バスガイドと運転手）、③女性側の年齢、就労期間等に照らし、任意に情交関係を持ったかは一定の疑問であること等の事情があった事案であり、社内不倫を理由とする普通解雇を検討する際に参考とすべき裁判例ではありません。

[9]　平 23・12・26 基発 1226 号第 1、改正：令 2・5・29 基発 0529 第 1。

になるということです。

　そのため、**社内調査では、申告の有無・時期、同申告に対する会社の対応も事実認定した上で、意見**をします。

　また、セクハラに関しては、評価期間の特例[10] があり、精神障害発症前 6 か月に限らず、6 か月前に遡って調査をする必要があります。

4　被害者が休職した場合

　被害者が休職する場合があり、このような場合には就業規則に従って対応するほかありません。

　休職期間満了による労働契約終了の効果の有効性は訴訟において、事実上、「心の健康問題により休職した従業員の職場復帰支援の手引き」（平成 24 年 7 月最終改訂）を 1 つの参考に判断され、会社がこの手引きに従った行動をとったかが有効性の判断の考慮要素になります。

　問題なのは、社内調査の結果、セクハラの程度から業務起因性が肯定される可能性が高い場合です。業務起因性が肯定される場合は、労基法 19 条で解雇が禁止されるところ、休職期間満了による自然退職の場合にも労基法 19 条が類推適用されるというのが下級審裁判例の傾向です[11]。

　そのため、休職期間満了後に業務起因性が肯定された場合には、労

---

[10]　「いじめやセクシャルハラスメントのように、出来事が繰り返されているものについては、発病 6 か月よりも前にそれが開始されている場合でも、発病前 6 か月以内の期間にも継続しているときは、開始時からすべての行為を評価の対象とする」令 2・8・21 基発 0821 第 4 号第 4「2」(5) ②。
[11]　例えば、アイフル〔旧ライフ〕事件・大阪高判平成 24 年 12 月 13 日労判 1072 号 55 頁、社会福祉法人県民厚生会ほか事件・静岡地判平成 26 年 7 月 9 日労判 1105 号 57 頁等。

災保険法上の業務起因性と労基法19条の業務起因性は厳密には別です が、復職要請や訴訟等に至る可能性が高いです。とは言え、本人の 体調等にもよりますが明らかに就労が困難な場合等もあり、**安全配慮 義務の点**から就労をさせることに相当の疑義がある場合等には、一定 の解決金を**この段階で提案**し、労働契約を終了させることも十分検討 に値します。

　なお、労務管理上、本人に押し切られる、訴訟（地位確認請求、損 害賠償請求等）の提起を恐れる等の理由で治癒していない可能性があ るケースにおいて、復職は絶対に認めるべきではありません。治癒し ていない状態で復職を認めた場合には、それ自体でさらなる精神障害 の悪化、自殺の可能性を有する（高める）からです。

図3-8　休職と労災

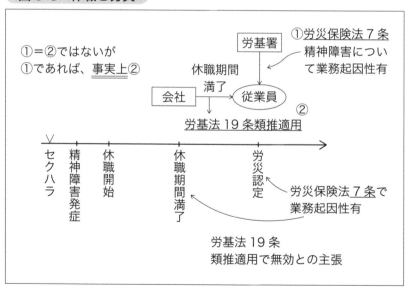

第4章

パワハラ

　本章では、第1章および前章のセクハラを踏まえた、パワハラに特有の留意すべき事項について解説します。

第1節

全 体 像

　セクハラは一般論としては**事実認定が主戦場**ですが、パワハラの場合は事実認定に加えて、業務指導に絡むことから、**法的な評価も主戦場**になることが多いです。

　労働行政の根拠となるレベルでは、令和元年改正により、労働施策総合推進法30条の2第1項（雇用管理上の措置等）にその防止措置義務の定めが新設されており、それによれば、対象となる行為の要件は以下のとおりです。

> ①優越的な関係を背景として
> ②業務上必要かつ相当な範囲を超えた言動により
> ③従業員の就業環境を害すること

　もっとも、**懲戒処分の有効性を検討する上では、**上記の**定義に該当するかを議論することにはあまり意味がありません。**

　懲戒処分等の対応に関する後記（144頁）**図4-2**の4類型も処分内容を検討する上での1つのツールに過ぎず、対応を決するにはあくまでも①就業環境を害した程度、②心理的・肉体的負荷の程度および③企業秩序侵害の程度を主たる判断要素として検討すべきです。

第 2 節

初動対応

　事案の内容に応じて①自宅待機命令、②産業医面談を実施すべきなのは、セクハラの場合と同様です。

　特にパワハラの場合は、**日常的なパワハラ言動で被害者の感覚が麻痺**している場合や、加害者にコントロールされている場合が多いので、正確にヒアリングを実施するために調査対象者の自宅待機命令が必須です。

　また、他の事案に比して、パワハラ事案の場合は口裏合わせが非常に多いので、個別のヒアリング前の調査開始時に速やかにメール等でそのような行為は別途の懲戒事由にあたることを告げるべきです。

　なお、調査が進むにつれて申告者以外の「被害意識のない被害者」が出てくることもあります。その際には調査対象を広げ、かつ広範囲での産業医面談の実施をすることもあります。

第 3 節

社内調査の実施

1　事実認定

(1)　業務上の必要性等は「周囲の事情」を認定する

　セクハラでは、身体的な接触、卑猥な言動等が事実認定の対象となり、背後の事情、例えば交際の有無等は**例外的な事情**になります。

　他方で、パワハラの場合は、殴る、直截的に人格を否定する発言（「バカ」「死ね」「辞めろ」等）のような例外的な場合を除いて、**周囲の状況を正確に事実認定しないと正確な法的評価ができません**[1]。

　例えば、部下が仕事でミスをした際に上司が「前も指導したのになぜできないんだ、原因をしっかり考えてほしい」と言った場合に、こ

---

[1]　例えば、違法性に関するものであるが公益財団法人後藤報恩会ほか事件（名古屋高判平成 30 年 9 月 13 日労判 1202 号 138 頁）は、学芸員がパワハラを受けたとして退職後に慰謝料を求めた事案であるところ、上司である館長は年休の取得方法や時季を問題視し、面談で「非常識」「次は辞表を書いていただく」等と発言した。一審（名古屋地判平成 29 年 9 月 28 日）は、**当事者がともに座ったままの状態で、声を荒げたり、高飛車に出ているわけでもない**等とし、職務上の注意指導に留まり違法ではないと評価したのに対し、高裁では、**上記の言動の当事者である館長らは代表理事の親族であり、地位、立場に照らして、上記の言動は**職場から排除を示唆されたと感じうるもので、社会的相当性を逸脱する退職勧奨と評価し、慰謝料 60 万円を認めた。

の発言のみからでは、**正確な法的な評価は通常は困難**です。

　発言に至る経緯、例えば、当該被害者の担っていた業務内容、ミスが業務にもたらす影響の程度、ミスの回数、改善の程度、上記以外の人間関係等の種々の状況を事実認定して、初めて上記の言動が違法か、法や就業規則で禁止するパワハラに該当するか等の判断が可能になります。

　業務上の必要性等を認定するには以下のように前提となる事実を詳細に認定のうえ、どの程度の指導の必要性があったか、換言すればどの程度まで強く指導することが社会通念上相当だったかを検証します。

　次頁**図4-1**の①②に関しては、指導の対象となる従業員の行為が法的な義務の違反か、一般的な規範違反か、倫理的道義的な義務の違反にすぎないかという点も問題になり、指導の強さも徐々に軽くなってしかるべきです。

　また、社会通念上相当か否かを検討する上では、回数（換言すれば執拗性）についても検討すべきです。

　さらに、社会通念上相当な範囲内か否かを検討する上では、言葉を選んだか、立場に配慮したか、威圧的言動の有無、仕事内容以外の事情についての批判の有無、悪感情の発露等もポイントになります。

図4-1　パワハラの判断方法

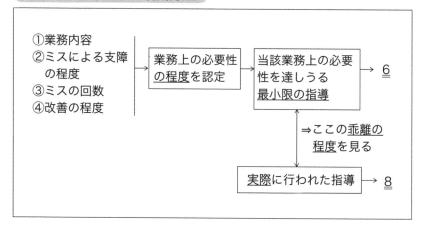

図4-2　業務上の必要性と指導の強度の関係

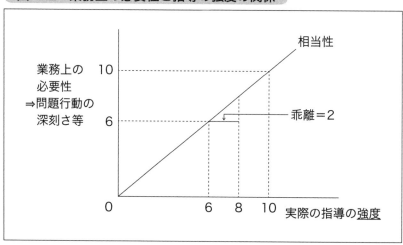

⑵　供述者のバイアスの問題

　基本的には前章のセクハラと同様であり、被害者供述で、事実認定の対象となる事実を確定し、その後、被害者供述、第三者供述、加害

者供述の信用性を検討し、事実認定を行います。

　パワハラの場合には、供述の信用性のうち第 1 章第 3 節（45 頁）で指摘した❺利害関係が重要になり、利害関係による供述のバイアスの度合いを見ることも重要です。有体に言えば、調査対象者の「息のかかった社員」についてはなかなか真実（パワハラ言動に係る具体的な事実）を語らないのが実態かと思います。

　ヒアリングにおいては、このような従業員にはオープンに「パワハラがあったか」を聞いても有意な回答を得ることができないのが通常であり、クローズドに具体的な事実の有無を聞いていきます。その際に、「そうは思わない」「必要な注意をしていただけではないか」等の漠然とした印象や噛み合わない回答で逃げる答えを繰り返したり、業務の内容に照らしハラスメントの現場を必ず見ているはずなのに「覚えていない」などと具体的な回答を避ける等の場合には、会社としてハラスメントをなくしたいこと、秘密は必ず守る、再度の協力の要請をする、意図的に虚偽の供述を繰り返す場合には懲戒の対象になる可能性があると告げる等で適正な供述を得られるように対応するほかありません。

(3)　必ず認定すべき事実

- 行為態様（5W1H で、とりわけ発した言葉については具体的に）
- 動機（いじめ目的を認定できるか）
- 期間、回数
- 被害者の数
- 被害の程度（精神障害の発症の有無、就労不能期間、退職者の有無）
- ポジション
- 研修の有無

・会社のパワハラに対する姿勢・取組み

なお、行為自体だけではなく周囲の事情から総合的に判断。

例えば、業務の適正な範囲か否かについては、

① 業務の内容

② 立場・職責

③ パワハラ該当事実となる言動の業務上の必要性の有無・程度

④ 当該言動の行われた際の具体的な状況

⑤ 当該言動の内容・態様

⑥ 頻度

⑦ 加害者の地位

⑧ 人間関係

⑨ 不利益の程度

など。

　被害者が複数想定できる場合は、パワハラの加害者と被害者である従業員と業務上の接点のある対象者を特定し、ヒアリングを実施します。

　実際には、加害者の1日、1週の業務内容、参加している会議やプロジェクトを聞き、接点のある可能性のある従業員をピックアップして網羅的にヒアリングを実施します。

2　法的評価

(1)　ポイント

ポイントは以下の4つです。

> ・問題となる行為が「パワハラ」に該当するかを時間をかけて議論するのはあまり意味がない
> ・4 段階のいずれかを見る
> ・「業務上の必要性」との兼ね合い
> ・被害者の感情に左右されず行為を客観的に評価する

　「パワハラ」は平成 10 年代前半に生まれた造語であり、2019 年 5 月 29 日には、労働施策総合推進法が改正され、同法 30 条の 2 第 1 項で、「職場において行われる優越的な関係を背景とした言動であって、業務上必要かつ相当な範囲を超えたものによりその雇用する従業員の就業環境が害されること」と定義されています。

　しかし、**社内調査は会社としての対応を決定するために実施するものであるところ、上記の法規定のパワハラに該当することから、どのような対応をすべきかが直ちに導かれるものではありません**。そのため、社内調査では、上記の法規定のパワハラに該当するかではなく、セクハラと同様、当該行為を具体的に認定して、当該行為による被害者の精神的・肉体的な負荷、就労環境の悪化、企業秩序の悪化の程度等を検討するのが相当です。

　上記を踏まえ、社内調査報告書では以下の点について意見します。

会社との関係
・現時点で普通解雇が可能か
・懲戒処分の量定
・人事権（降格・降職等）
・異動
・被害者が労災申請した場合、業務起因性の有無
対被害者
・違法と評価されるか
・会社から示談を申し入れるべき事案か

⑵　懲戒（および普通解雇）

㈦　4段階で判断する

図4-3　パワハラ4段階

① **刑法上の違法行為**
＝傷害・暴行・侮辱罪に該当するか
② **民法上の不法行為**
＝社会的相当性を著しく逸脱した方法で
心理的負担を与えたか
（①を含む）
③ **行政指導**
＝令和元年改正労働施策総合推進法30条
の2の要件に該当するか
（①、②を含む）
④ **企業秩序**
＝企業が決定したルールに該当するか
（①〜③を含む）

㈠　懲戒の程度

①	②	③	④
懲戒解雇	降　　格	出勤停止	譴　　責
降　　格	出勤停止	減　　給	注意指導
出勤停止	人事権による	譴　　責	
人事権による	降格	注意指導	
降格	（普通解雇）		
（普通解雇）			

　1つの考え方としては、まず、「いじめ・嫌がらせ」の目的がなかっ
たとしても、当該認定された行為が、刑事責任が認められる行為（①）

または不法行為に該当する行為（②）であった場合には、重い懲戒処分や契約解消を含めた処分を検討すべきです。

ただし、傷害罪（刑法204条）は人の生理的機能を害した場合に成立する[2]犯罪であり、かすり傷等でも理論上は成立します。そのため、**傷害罪の成立によって重い懲戒処分が当然に有効となるのではなく**、あくまでも別途、行為、結果（特に怪我の程度）を詳細に検討する必要がある点には留意が必要です。

※Z社（パワハラ・懲戒解雇）事件・大阪地決平成29年12月25日（LLI/DB判例秘書登載）

部下に対して、**顔面を平手でたたく暴行を加え**、**加療約5日間を要す**る顔面打撲および筋擦傷を負わせたこと等を理由にされた懲戒解雇について、「それ自体が犯罪行為に該当するものと認められる。（略）本件傷害行為は平手で顔面を1回たたいたというもので、その行為態様の悪質性および危険性は比較的小さく、**傷害結果も比較的軽微なもの**と言わざるを得ないこと」等と評価し、**傷害罪に該当するとしても無効**と判断しています。

労働行政のレベルの行為（③）については、基本的には譴責や減給で対応するのが相当です。ただし、態様、回数、被害者の数等から、初犯でも出勤停止とすることも十分検討に値します。

企業秩序違反のレベルの行為（④）の場合には、会社として企業秩序違反と考えた場合には、場合によっては懲戒処分対象とします。

上記基準を参考に、以下の(ウ)や(エ)の要素や、下記脚注の指針指摘の**指導の有無**、**精神障害の発症の有無**、**期間**、**被害者の数**[3]等を勘案し、処分を決定します。

---

[2]　西田典之著『刑法各論（第7版）』（弘文堂）43頁。

㋒　会社のハラスメントに対する姿勢等

　上記に加えて、以下の裁判例のように、①会社のパワハラに対する会社の取組み、②調査対象者の立場、③結果の発生を認定の上、量定上考慮します。

※ M 社事件・東京地判平成 27 年 8 月 7 日労経速 2263 号 3 頁

　「原告の各言動によって原告の部下らは多大なる精神的被害・苦痛を被った。すなわち、**B 氏はカウンセリングを継続的に受けざるを得ない状況に陥った。**C 氏は退職約束文書を無理やり作成させられた上に、約束した成果を達成できなかった C 氏は、退職約束文書を根拠に原告から執拗に退職を迫られた。また、原告は、D 氏に対しても暗に退職を迫り、E 氏には他の従業員のいる前でさらし者にして退職を示唆する発言をした。F 氏および G 氏に対しては「どこにも行き場所の無い人の為に作った部署で、売上をやらなければ会社を辞めさせることがミッション」などという通常想定し難い理不尽な要求・指示を行った。のみならず、部会での原告の発言からは、浦和流通営業部、横浜流通営業部および大手町営業室における従業員のやる気、活力などを含む被告の職場全体の環境、規律に悪影響を及ぼしたことも推認できる。（略）被告は、**パワハラについての指導啓発を継続して行い、ハラスメントのない職場作りが被告の経営上の指針であることも明確にしていたところ、**原告は幹部としての地位、職責を忘れ、かえって、相反する言動を取り続けたものであるから、降格処分を受けることはいわば当然のことであり、本件処分は相当である。」

㋓　注意に対するリアクションから改善の可能性を検討

　普通解雇では、社会的相当性（労契法 16 条）の検討において**改善**

3　懲戒処分の指針について（平成 12 年 3 月 31 日職職 – 68。最終改正：令和 2 年 4 月 1 日職審 – 131）別紙第 2 標準例「1　一般服務関係」「⒂」参照。

の可能性が検討されるところ、下記指摘のようにハラスメントに対する指導に対して、どのようなリアクションをとったかは改善の可能性を検討する上で重要な事実になります。

　そのため、社内調査では、懲戒や改善指導の際のリアクションも認定することが重要です。

※ディーコープ事件・東京地判平成 28 年 11 月 16 日労経速 2299 号 12 頁
　「原告は、2 度目のハラスメント行為に及んだ後も、自身の言動の問題性を理解することなく、あくまで部下への指導として正当なものであったとの態度を一貫して変えず、全く反省する態度が見られない。原告は、本人尋問において、1 回目のハラスメント行為後の I らによる厳重注意について、「緩い会話」であったと評しており、この点にも原告が自身の言動の問題性について軽視する姿勢が顕著に現れているというべきである。また、原告の陳述書や本人尋問における供述からは、自身の部下に対する指導方法は正当なものであり間違っていないという強固な信念がうかがわれ、原告の部下に対する指導方法が改善される見込みは乏しいと判断せざるを得ない。このように、原告は、部下を預かる上司としての適性を欠くというべきである。
　さらに、上記のとおり、原告は、自身の部下に対する指導方法を一貫して正当なものと捉え、部下 4 名に対するハラスメント行為を反省する態度を示していないことに照らすと、仮に原告を継続して被告に在籍させた場合、将来再び部下に対するパワー・ハラスメント等の行為に及ぶ可能性は高いというべきである（このことは、原告を東京以外の営業所に異動させたり、グループ企業に出向させた場合にも同様に妥当する。）。」

(3)　違法性の判断

(ア)　目的と手段の相当性

　違法か否かの点に関して言えば、目的と手段・態様で判断されます。すなわち、①目的が業務上の指示・命令ないし教育であり、②手段・態様が社会通念に照らして**その目的に必要で相当なものであれば**、違法ではありません。

　上記①の目的に関して言えば、業務目的以外のいじめ等の他の目的が認定できるかになります。第1章・第3節で指摘したように、嫌がらせの意図があった旨の自白があればそれに従い、「ない」と回答した場合には他の間接事実から推認で認定することになります。

　手段に関しては、上記の教育目的等が認定できることを前提に、当該教育目的に照らして、手段が社会通念上相当かを問うものです。

　例えば、教育目的で、1回目の遅刻等について会議室で1時間説教をした場合には、通常1回目の遅刻であれば1時間は明らかに不要ですので、手段の点で相当性を欠いたとの評価になりえます。

図 4-4　パワハラの違法性の判断方法

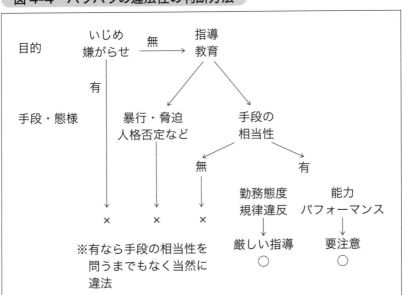

(イ)　被害者の就労経験の有無・期間

　違法性の判断においては、問題となる行為によって被害者に生じる**心理的負荷の程度**が重要な要素であるところ、この評価においては被害者の就労経験、期間の検討も重要になります。

　就労経験のない、換言すれば指導を受けた経験が少ない従業員にとっては、同じ指導内容でも一般論として一定の期間就労している者に比して心理的な負荷が高いことは明白です。

※岡山県貨物運送事件・仙台高判平成 26 年 6 月 26 日労判 1100 号 26 頁

　「上記に指摘した第 1 審被告 Y1 による叱責の態様（言葉使い、口調、叱責の時間、場所）や頻度、亡 D の叱責中または叱責後の様子等に照らすと、亡 D に対する第 1 審被告 Y1 の叱責は、**社会経験、就労経験が十**

分でなく、大学を卒業したばかりの新入社員であり、上司からの叱責に不慣れであった亡 D に対し、一方的に威圧感や恐怖心、屈辱感、不安感を与えるものであったというべきであり、第 1 審被告 Y1 の叱責が亡 D に与えた心理的負荷は、相当なものであったと認めるのが相当である。」

(ウ)　その他の判断要素

その他に**違法性の判断**においては、以下のような裁判例が考慮した事実が一定の参考になります。

A　有形力の行使の有無

B　間接暴行[4] の有無

C　人格を否定する内容か、一般的な指導に留まるか

D　退職を示唆する言動の有無

E　言動が業務に関係のない私生活上の事項に及んでいるか

F　業種

G　業務の内容・性質

※東京エムケイ事件・東京地判平成 26 年 12 月 10 日判決判時 2250 号 44 頁

原告 6 名がタクシー会社の代表取締役社長からパワハラを受けたとして不法行為に基づく損害賠償を請求した事案で、判決は、以下の事実を認定の上、違法と評価し、原告 1 名あたり慰謝料 30 万円を認容しています。

・　運転指導中に「こら。あほ。全然わかっとらんな。おまえ」「おかしいやっちゃね。おまえ」「**他の会社に行け**。おまえ。マジで」と述べ、後部座席から運転席を突然蹴りつける。

---

[4]　人の身体に対する物理力の行使のうち、この物理力が身体に接触しないもの。例えば、驚かす目的で被害者の数歩前を狙って投石する行為等。西田典之『刑法各論（第 7 版）』（弘文堂）40 頁参照。ファイル等を投げることが典型。

- 運転指導中に「腹立つなあ。こいつは」「辞めろ。**辞表を書け**」などと怒鳴りつけ、文庫本サイズの本を背後からカーナビ付近に投げつける。
- 運転指導中に大声で「キチガイか。おまえ」「**脳みその構造がおかしい**」などと怒鳴りつける。

　この事案では、そもそも指導の目的があったかすら疑義がありますが、仮にあっても、人格を明確に否定する言動に及んだこと、間接暴行、退職を示唆する言動が、違法性を肯定したポイントです。この1つひとつで違法と十分評価される内容であり、社内調査では上記のような言動の有無および具体的な内容を認定します。

※※メイコウアドヴァンス事件・名古屋地判平26年1月15日労判1096号76頁

　パワハラが原因で精神障害を発症し、自殺した従業員の遺族が会社に損害賠償を請求した事案で、当該亡くなった従業員に対し、社長が以下の行為をしたことが認定され、従前からの心理的ストレスが蓄積していたところ、暴行と強要を連続して受けたことで、急性ストレス反応を発症したと認定し、不法行為に基づく損害賠償として逸失利益・慰謝料を合わせて5,400万円を支払うように命じました。

- 仕事でミスをすると「てめえ、何やってんだ」「どうしてくれるんだ」「ばかやろう」などと大声で怒鳴る。あわせて**頭を叩く**ことも時々あったほか、殴ることや蹴ることも複数回あった。
- ミスにより会社に与えた損害を弁償するよう求め、「**7,000万円払え。払わないと辞めさせない**」などと言う。
- 自殺直前、**脚を2回蹴る**などの暴行を加え、全治約12日間を要する傷害を負わせる。
- **退職願を書くよう強要**し、退職届には「一族で誠意をもって損害を2か月以内に返済する」との記載があり、額は1,000万円〜1億円と鉛筆で書かれ消された跡があった。

　上記の分類で言えば、優に刑法上の犯罪に該当する事案であり、違法性が認められたことは当然と言えます。

　上記の東京エムケイ事件と同様、人格を否定する言動、暴行等の有形力の行使、退職の強要等に及んだことがポイントです。

※※※医療法人財団健和会事件・東京地判平成21年10月15日労判999号54頁

　医療法人の健康管理室に配属された総合職の従業員が、単純な問診票の入力ミス、診断内容記載ミス、レントゲンフィルムの整理番号ミス等の多くのミスをしたため、上司が本人と面談を行い、ミスが非常に多いこと、わからなければわかったふりをせず何度でも確認してほしいこと、仕事を覚えようという意欲が感じられないこと、仕事に関して質問を受けたことがないこと等の指導を実施しました。

　それでもミスが続いたため、上司が再度面談を行い、相変わらず学習していないこと、このままの状況では健康管理室の業務に対応できないこと、仕事を覚えることが遅くても一生懸命やっているという周りを説得させるだけの意欲がほしいこと等を指摘しました。

　原告は上記の指導が違法と主張したところ、判決は、原告のミスはいずれも**正確性を要求される医療機関**で見過ごせないものであり、上司の注意・指導は必要かつ的確なものと評価し、上司はときには厳しい指摘・指導や物言いをしたものの、それは**生命・健康を預かる職場の管理職が当然になすべき業務上の指導の範囲内**であり、到底違法ではないと判断しました。

　業務上必要かつ相当かを判断するにあたり、実際の業種、業務の内容・性質から**ミスが生じた場合における影響**を考慮し、**厳しい指導の違法性を否定**したものであり、社内調査ではこれらの点も検討すべきです。

3　社内調査報告書

書式 4-1　社内調査報告書

○○株式会社　御中

甲部長の乙係員に対する指導について

令和○年○月○日
○○法律事務所
弁護士　○○○○

第1　前提となる事実関係
　1　指揮命令系統等
　　・指揮命令系統
　　　→甲部長と乙係員の距離（直属の上司か）、直接の指導の有無・頻度
　　・本件部の構成（人数、就労期間、担当業務等）
　　・乙係員と甲部長との関係（私的な交流を含む）
　2　業務の流れ等
　　・本件部の担っていた業務の内容
　　・ミスがあった場合にどのような事象が生じるか（内部での問題に留
　　　まるのか、顧客にまで影響が出るのか）
　　・乙係員の業務内容
　　・乙係員の1日、1週間、1月の業務の流れ
　　・上記についての甲部長との接点
　3　乙係員と同種の職務を担っていた従業員の就労状況
　　・他に指導すべき従業員の有無
　　・上記に対する指導の有無、態様
　　　→他にも同程度に問題のある従業員がいながら乙係員だけに指導を
　　　　していないか

第2　申告された事実の認定
　1　認定できる事実
　　・指導の開始時、当初の指導内容
　　・乙係員のミスの状況（期間、質の変化等）

・上記を踏まえた指導の内容の変化（発した言葉、場所、時間等）
2　事実認定上の問題点
・いじめ目的に関する甲部長供述の信用性
・指導時の甲部長の発した言動の具体的な内容（「辞表を書くね、私が
　君なら」と言ったか）

第3　法的評価
1　いじめ目的の有無
2　本件指導を行う業務上の必要性の「程度」
　→目的達成のための「最小限の指導」はどの程度だったか、他の指導
　　方法の有無（検討したか）
　→逸脱の程度

以　上

第4節
対　　応

1 懲戒処分

　上記に従い、懲戒処分を実施します。

　ポイントは、態様から**上記のレベル④にも該当しない場合でも**、労務管理上問題がある場合は、改善指導や異動を必ず実施することです。

2 異動の実施

　セクハラの場合と同様、基本的には行為者（加害者）を異動させます。

　なお、パワハラと評価しうる事実が認定できない場合でも、被害者に精神障害の発症が認定できる場合には、異動等の職場環境の調整なく就労を継続させることは、それ自体でさらなる精神障害の悪化や自殺等の事態につながる可能性が高まることから絶対に避けるべきです。

　そのため、このような場合には、業務上の接点をなくし、可能な限度で顔を合わせない環境にすることが安全配慮義務の観点から重要です。業務上の接点をなくしても、同じフロアで仕事をさせていては、心理的負荷の軽減の効果が薄いと思われますので、具体的な状況にもよりますが、一般論としては不十分な対応といえます。

3　風土の問題かの検証

　セクハラと同様で、「有能ならパワハラ気質でも昇格させていない
か」を任用の実態等から必ず確認し、その点に問題があれば指摘をす
る場合もあります。

4　示談の実施

　パワハラでメンタル不全なので給与を補償してほしい、使用者責任
があるので慰謝料を支払ってほしい等の要求がされる場合が、ままあ
ります。

　社内調査の結果、申告された事実が認定できない、認定できるが因
果関係に疑義がある場合等があります。

　因果関係に疑義がある場合は、労災申請を勧めるのが基本です。

　他方で、社内調査の結果、会社の法的な責任が明らかな場合には会
社から示談を申し入れる場合もあります。

5　再発防止

　セクハラの場合と同様、懲戒処分の「傾向」がわかってくるので、
毎年同じ研修を繰り返すのではなく、当該企業の傾向を踏まえて研修
内容に変化をつけて実施すべきです。

　よく親会社の研修と全く同じものを実施している企業があります
が、より研修の実施による再発防止の効果を出すのであれば傾向を分
析した上で、企業ごとにオーダーメイドで研修内容を決定するのが相
当です。

　傾向の一例は以下のとおりです。研修担当者に過去5年間の懲戒処分の記録等を渡して傾向の分析を依頼の上で研修を実施すると効果的です。

・事案の重さ（殴る等のクリティカルな事案の有無）

・加害者の層（役員、管理職等）

・粗暴犯か

・時期（春に多い等）

・シチュエーション（飲酒時等）

　また、内容に応じて以下の実施を検討します。

・役員メッセージ

・180度評価（**部下からの評価も人事評価に入れる**）

・管理職任用基準の変更

・地方の出張所の巡回（コンプライアンス部の巡回、リモート）

・相談窓口の運用の確認

6　地域的な問題

　本社が都心の企業において、地方の営業所等の従業員が、何の前兆なく突然、精神障害の発症を理由に出社しなくなる、（過労）自殺するということが多くあります。

　これは地方では、①上司とプライベートでも一緒、②単身赴任になることが多い、③慣れない土地で友人がいない等の心理的な負荷（有意な気分転換の手段がない）等が原因と想定されます。

　地方の営業所等で上司のハラスメントで精神障害が発症するケースが多いですが、地方の案件では**本社に情報が上がってこず**、リスクが潜在化しているケースが多く、この傾向はとりわけ、実地監査が減っ

たコロナ禍で顕著と言えます。

　地方の営業所等でハラスメントの発生がない、数字が上がってこないのは、単に**報告がないだけではないか**という視点を持つことが重要であり、WEB上でも大きな問題はないので、人事部等の手で定期的なモニタリングの強化を図ることが、リスク回避には不可欠です。

第5章

過労自殺（長時間労働）

　本章では、主として長時間労働で過労自殺が起きた場合に社内調査で明らかにすべき事実、社内調査を踏まえて検討すべき事項等を解説します。

　過労自殺の場合は請求される金額が高いことはもちろんですが（通常１億円以上）、近時の社会の流れに照らし、企業にとって容易には回復し難いレピュテーションリスクを内包するものであり、経営を揺るがす労務問題として、**他の労務問題に比して慎重かつ適切に対応する必要**があります。

第 1 節

全 体 像

1 基本的な考え方

(1) 社内調査で見通しを把握

　過労自殺[1] が起きた場合には、**労災申請または遺族からの請求の前に社内調査を実施し、リスクを分析し、裁判例の基準に照らし会社の責任が肯定される可能性が高い場合や、事案の性質[2] に照らしレピュテーションリスクが大きい場合には、基本的には速やかに会社の責任を認め、訴訟等の前に早期の解決を目指す**ことが相当であると思われます。

　また、後述のように関係者の精神状態には十分な注意を要しますが、遺族の意向や、私的な事情が自殺の原因であることが明白であるような場合を除き、上場企業等の場合には社内調査を一切実施しない、同社内調査に基づいて関係者を処分しないということは、過労自殺等に関する現在の企業を取り巻く社会情勢等を前提にした場合にお

---

[1] 「過労自殺」とは、業務による強い心理的負荷による精神障害を原因とする自殺による死亡（過労死等防止対策推進法 2 条参照）。

[2] 例えば、新卒者、上場企業、消費者を相手にする企業、過去に同様の事案があった等の場合における過労自殺等。

いては、想定し難い対応ではないかと思われます。

(2)　労災認定される事案はされる

　労災認定がされるとさまざまな効果が生じますので、後述のように会社としては適正な認定のために一定の対応をするのが相当な場合もあります。

　しかし、他方で、重要なのは**労災認定がされる事案はされる**ものであり、**これを阻害するような対応を会社は絶対にやってはいけない**ということです。後述のような適正な認定のための会社対応も、あくまでも**この枠の中での話**に過ぎません。この枠を超えた対応は、遺族の心情を害するばかりか、社会的規範に悖る行為であり、社会的責任を遵守することを前提に営利活動を行う企業にとって、絶対に禁忌すべき行為です。

(3)　誠実な対応を

　社内調査の結果、会社に原因がある場合は当然ですが、**明確に法的に理由がないと評価される場合等であっても**従業員が命を落としたことを真摯に考え、遺族の今後の生活等に鑑み、**遺族との対立は絶対に避け、礼節を尽くした対応**をとることが当然です。

　とりわけ、配偶者や子がおり、従業員の死亡によって影響が大きい場合にはこの要請が高く、法的には理由が乏しい（訴訟になっても会社が負けない）場合でも、大企業の場合には、常識的かつ可能な限度で弔意金等の名目で一定額の支給をすることも十分検討に値する対応と思われます。

　また、他の従業員による死因等に関する根拠のない議論、自殺した従業員や遺族の尊厳を傷つけるような言動を会社として許すべきではありません。

⑷　社内調査の限界

　過労自殺に関する社内調査には限界があるのでその点を踏まえた判断が必要です。すなわち、精神障害の場合には、家庭内の出来事や言動によっても、①発症時期、②業務外の出来事の有無・内容を認定するところ、労基官はこの点を、遺族等を通じて確認可能ですが、会社は社内調査でこの点を十分に調査できません。

　そのため、社内調査では**この点を確認できない限度で意見を述べることしかできず**、労災申請、訴訟等において上記の点から社内調査の結果と異なる判断がされる一定程度の可能性を前提に、会社として対応について意思決定をします。

⑸　網羅的に調査

　遺書や遺族からの指摘で、パワハラ等が主張された場合でも、実際の調査ではこれ以外の時間外労働時間数、業務の内容等も十分に調査をすることが、適切にリスクを把握するためには不可欠です。

　業務起因性も安全配慮義務違反も、①時間外労働時間数、②業務の質・内容の変化、③ハラスメントが法的判断の際の主要な要素であり、遺族等から申告が現時点でされていなくても①～③について**網羅的に調査することが正確な見通しを示すためには重要**です。

　よくあるのは、遺書には特定の従業員からのパワハラの事実の記載しかなく、社内調査を実施したところ、パワハラ自体では、「強」にはならなかった（「29」）ので問題ないと考えていたが、その後の労基署の調査で、恒常的長時間労働や業務内容の変化（「15」）の事実も認定され、「弱」「中」レベルのパワハラとセットで労災認定がなされるというパターンです。

⑹　時間外労働時間数の認定

　業務起因性、安全配慮義務のいずれを検討する上でも精神障害発症前の時間外労働時間数が重要な判断要素になるところ、賃金計算上の時間と実態とがずれる場合が多くあります。社内調査の時点では、**会社から提出された資料については、労働時間を適切に示していると鵜呑みにせず**、当該資料が持つ意味（どの事実まで認定できるか）を再度検証することが必要です。

　ヒアリングを実施し、労働時間と評価される時間（就労実態）を、改めて調査し、正確に把握することが重要です。とりわけ、そもそも適切に労働時間を把握していないケースや、事業場外みなし、管理監督者の場合に、どのような資料で事実を認定し、評価するかが問題になります。

⑺　恒常的長時間労働に注意

　脳・心臓疾患の場合は 1 か月 80 時間、精神障害の場合は 1 か月 100 時間が基準であるから、精神障害のほうが労働時間の点からは労災認定されにくいとの議論がありますが、**これは誤り**です。精神障害の場合は、後述の恒常的長時間労働という特別な時間外労働時間数の計算方法があり、これによって「強」と判断されやすいからです。

2　対応すべき主要な事項

　過労自殺が発生した場合に社内調査の前後で対応すべき主要な事項は以下のとおりです。

第5章 過労自殺（長時間労働）

書式5-1 論点整理

論点整理

第1 初動対応
1 関係者の把握
2 PC等の保全（労災申請等に備える）
3 産業医の派遣
4 マスコミ対応
5 従業員に対する一次的な説明を実施するか

第2 社内調査
※関係者の精神状態に注意。とりわけ、パワハラの加害者とされている従業員。
1 事実認定
2 法的評価
・業務起因性の見通し
・安全配慮義務違反の見通し
・レピュテーションリスクの程度（事案の性質）
→法的責任が乏しくても速やかに金銭解決をすべき事案か

第3 方針の決定
1 民事損害賠償請求に対する対応（交渉、訴訟）
→遺族側からの請求や労災申請・決定前に会社側から示談を申し入れるか
2 労災申請の対応
3 懲戒処分（ハラスメント事案や労働時間管理が杜撰な場合等）
4 労基署対応（監督課が入ってきた場合等）
5 再発防止策の検討等
6 マスコミ対応

以 上

ここで重要なのは、訴訟は安全配慮義務（労契法5条）の問題であり、労災認定は労災保険法7条の業務起因性の判断であり別の法的評価の問題ですが、**事実上リンクする**ということです。換言すれば、労基署に業務起因性が認められることは、企業の民事責任において、安全配慮義務（注意義務）違反を肯定する重要な根拠の1つになるとい

168

うことです[3]。

　そのため、労災認定（労災保険給付支給決定、以下「労災認定」）がされた場合は、①訴訟で（事実上一定程度）不利に、②金銭交渉をする際にも高額化します。

安全配慮義務違反を理由とする損害賠償請求の要件事実[4]

請求原因

1　労働契約の締結
2　安全配慮義務の内容
　　（予見可能性を含む）
3　義務違反
4　損害の発生と数額・因果関係
　　　↓
労災申請で業務起因性が肯定されると、<u>事実上</u>、上記 2〜4 に影響

3　ステージごとの対応

　ステージごとの対応の概要は以下のとおりです。

---

[3]　例えば、メディスコーポレーション事件・前橋地判平成 22 年 10 月 29 日労判 1024 号 61 頁、フィット産業事件・大阪地判平成 22 年 9 月 15 日労判 1020 号 50 頁、九電工事件・福岡地判平成 21 年 12 月 2 日労判 999 号 14 頁、音更町協同組合事件・釧路地裁帯広支判平成 21 年 2 月 2 日労判 990 号 196 頁等。
　ただし、近時では、業務災害の判断では業務起因性が肯定されたものの、民事訴訟では因果関係が否定され損害賠償請求が棄却されたヤマダ電機事件・前橋地判高崎支判平成 28 年 5 月 19 日労判 1141 号 5 頁、マツヤデンキ事件・大阪高判令和 2 年 11 月 13 日労経速 2437 号 3 頁等がある。
[4]　山川隆一著『労働紛争処理法』（弘文堂）287 頁参照。

　通常は、労災申請を先行する場合と、その請求分を含めて企業に民事責任を追及する場合がありますが、多くは労災申請が先です。

　実際上、とりわけ社内調査で法的責任の判断が困難なケース等は、遺族側に労災申請をしてもらい、労災認定または不認定後に、当該結果（事実認定を含む）を前提に和解交渉をすることを事前に連絡（合意）し、その後に訴訟ではなく和解交渉をすることが多いとの感を有しています。

　訴訟が先行する場合等には、証拠保全の申立て（民訴234条）がなされるケースがあり、その場合には会社は粛々と対応するほかなく、訴訟提起された段階で、社内調査を踏まえた事実および法的主張を行い、裁判期日の中で裁判官からの心証開示等を踏まえ和解の道を探ることになるのが通常です。

通常の場合の時系列

事　　実	書　　類
過労自殺等の発生	
事実調査 （遺族等からの請求前に実施し、リスクを把握）	調査報告書
上記事実調査に基づいて会社の方針決定	
労災申請	使用者意見書
資料の提出	
労基官との面談	
労基署による関係者ヒアリング	
決定（支給決定、不支給決定）	決定書
遺族側が請求で調査復命書を入手	調査復命書
上記調査復命書を入手し、和解交渉	合意書
和解できない場合は訴訟へ	訴状、答弁書

第 2 節

社内調査の実施

1　精神状態に注意

　方針の確定（早期和解を目指すか等）のために速やかに事実調査をすることが重要です。

　ただし、ここで重要なのは**関係者の精神状態に十分注意（特に自殺の場合）**することです。これまで一緒に就労してきた仲間が突然いなくなるのであり、動揺や憔悴することは当然であり、早期の方針の確定の要請はありますが、ヒアリング対象者の精神状態に十分に留意すべきです。とりわけ、パワハラがあったと思われる事案では、産業医面談、定期的な人事部等の面談等を実施し、とくに加害者とされる従業員の精神状態に十分に配慮しながら調査を実施すべきです。

　なお、上記のような関係からも、とりわけ中小企業の場合等には、弁護士が社内調査に関与すること自体が、従業員に相当な精神的負荷を与えることや、就業に大きな影響を生じさせることにも十分配慮して調査方法を決定すべきです。

2　社内調査のポイント

　下記指摘のように、業務起因性および安全配慮義務違反についての事実認定をした上で意見をすることから、長時間労働の事案で、社内

調査で必ず事実認定を行い、記載をすべきなのは以下の 5 点です。

(1)　発症時期

(2)　時間外労働時間数

(3)　業務の内容、変化

(4)　ハラスメントの有無・内容

(5)　法的評価（業務起因性、安全配慮義務）

図 5-1　認定すべき事実

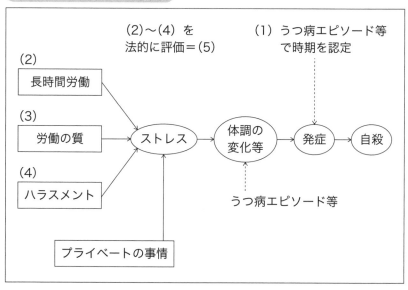

(1)　発症の時期

㋐　認定の方法

　業務起因性の有無は、原則として精神障害の**発症前 6 か月間の事実関係**によって検討します。

　この点、精神障害の労災認定基準では、労災認定の対象となる対象疾病（精神障害）として ICD-10 によって分類された精神障害を指定しています。

　そして、この分類に含まれている精神障害のうち F2 から F4 に分類される病気については、心理的負荷を受けることで発症する可能性があると指摘されています。

　このうち、業務に起因して発病する可能性のある精神障害の代表例であるうつ病（F3）の場合の業務起因性の検討の前提となる「発症の時期」については、うつ病エピソード[5]の有無・期間を検討します[6]。

　過労自殺の場合には診断書がない場合のほうが多く、また労災認定や訴訟では診断書があっても**診断書記載の時期よりも先（または後）にヒアリング等で認定されたうつ病エピソードから精神障害の発症の時期が認定されることがあります**。そのため、社内調査ではうつ病エピソードの有無・時期の検証は不可欠です。

　例えば、診断書のうつ病の発症日の記載が令和 2 年 12 月 1 日でも、それ以前の令和 2 年 10 月 1 日の時点でうつ病エピソードが認定

---

[5]　うつ病とは「F 32 うつ病エピソード」であり、診断ガイドラインによれば、F32 うつ病エピソードの診断を下すには、
・典型的な症状（抑うつ気分、興味と喜びの喪失、易疲労感）が**少なくとも 2 つ**
・他の一般的な症状（集中力と注意力の減退、自己評価と自信の低下、罪責観と無価値観、将来に対する希望のない悲観的な見方、自傷あるいは自殺の観念や行為、睡眠障害、食欲不振）が**少なくとも 2 つ以上**（ただし、軽症うつ病エピソードの場合には少なくとも、2 つ、中程度うつ病エピソードの場合は少なくとも 3 つ）
が存在しなければならず、かつ
・エピソード全体の最短の**持続期間は約 2 週間**
とされている（『ICD-10 精神および行動の障害―臨床記述と診断ガイドライン〔新訂版〕』（医学書院）129〜132 頁）。
[6]　なお、実際の社内調査、労災認定、訴訟ではそもそも精神障害を発症していたかも問題になる。また、本書ではうつ病（F3）を紹介しているが、実際には F2、F4 等も十分検討する必要がある。

できる場合には、その時点で精神障害の発症を認定し、同年 12 月 1
日からではなく、同年 10 月 1 日から過去 6 か月間の時間外労働時間
数等を認定して、業務起因性を判断することになります[7]。

　具体的には、うつ病が発症していたかについては、以下が基準にな
ります[8]。

---

①　典型的なうつ病エピソード（抑うつ気分、興味と喜びの喪
　　失、活動性の減退による易疲労感の増大や活動性の減少）
②　他の一般的な症状（集中力と注意力の減退、自己評価と自信
　　の低下、罪責感と無価値観、将来に対する希望のない悲観的
　　な見方、自傷あるいは自殺の観念や行為、睡眠障害、食欲不
　　振）が、2 週間継続したか

　そのため、上記①・②の事実をいつの時点でいくつ認定できるか、
どの程度継続したかを事実認定し、その上で発症の時期を評価します。

　例えば、他の一般的な症状の 1 つである睡眠障害に関しては、以下
のような事実から対象者が睡眠障害であったか、時期・期間を認定し
ます。

・「最近眠れない」との本人の供述
・目の下のクマ
・出勤時刻に遅れるようになった

　また、集中力と注意力の減退については、例えば以下の事実の有無
を検討します。

---

[7]　この点が争点になった事案として、例えば日本政策金融公庫（うつ病自殺）
事件・大阪高判平成 26 年 7 月 17 日労判 1108 号 13 頁があり、原審と高裁で発症
時期の判断が分かれ、これを 1 つの理由に安全配慮義務違反の判断が地裁と高裁
で分かれた。
[8]　前掲・『ICD-10 精神および行動の障害―臨床記述と診断ガイドライン』

・ミスが著しく増えた

・これまでできた業務が時間内にできなくなった

(イ)　家庭内の事情に留意

ただし、うつ病の発症の有無・時期については、家庭での様子等の業務外の事情等も検討をする必要性があるところ、労基官は遺族等からこの点の情報の入手が可能ですが、他方で通常、社内調査ではこの点の調査が困難です。

そのため、**社内調査では必ずこの可能性を指摘**し（この点の調査ができておらず、認定の評価が変更になる余地があること）、**社内調査を踏まえた意思決定の際にもこの点を踏まえて判断をすること**が必要です。

実際、家族を除く会社関係者に対するヒアリングでは上記のうつ病エピソードが認定できない場合でも、家庭内では認定できるケースも十分あるからです。

例えば、「興味・喜びの喪失」では、毎週読んでいた雑誌を読まなくなった、テレビを見ても笑わなくなった、「易疲労感」では、休日に外出しなくなった等の社内調査では、通常家庭内でしか認識しえない事象が多くあります。

(2)　時間外労働時間数の認定

(ア)　労働時間と評価される時間か（労働時間の概念の相違）

上記の計算にあたり、そもそも労働時間か否かが問題になります。

①労基法 32 条の労働時間、②業務起因性（労災保険法 7 条 1 項 1 号）の判断の際の労働時間、③安全配慮義務（労契法 5 条）の判断の際の労働時間は、正確には、別の法概念であり、実際①より②ないし③のほうが緩やかに肯定される傾向にあります。

労働時間の相違

> 1　労基法（①）：
>
> 　使用者の指揮命令下に置かれ実際に就労するか就労状態で待機する時間
>
> 2　労災保険法（②）：
>
> 　使用者の指揮命令下になくても労災認定上の労働との関連性のある疾病等の発症との関係から過重労働等を伴う行為時間
>
> ↓
>
> 労基署（労働行政）は、①と②を同一と解釈。
>
> しかし、労災保険給付不支給決定の取消訴訟になると、「①＜②」になる場合がある。

（労働判例 1217 号 31 頁参照）

　上記①と②に関しては、労災保険法の立法経緯[9] および別異に解すべき特段の事情が存在しないことから、労基法 32 条の労働時間と同義とし、「使用者の指揮命令下に置かれた時間[10]」と解すべきです。

　実際、関連する行政通達[11] においても、①と②が同義であると明確に指摘されています。

　ただし、労災申請等の労働行政においては、労働時間は 1 つのものとの考えていますが、労基署長の労災保険給付不支給決定の取消しの行政訴訟においては、**裁判所は、①と②を別異に解し、②を広く認定する傾向**にあるので、留意が必要です。

---

[9]　昭和 22 年に労働基準法の災害補償制度と同時期に制定・施行。

[10]　三菱重工業長崎造船所事件・最一小判平成 12 年 3 月 9 日民集 54 巻 3 号 801 頁。

[11]　令和 3 年 2 月 2 日労災発 0222 第 1 号において「労災認定のための労働時間は、労働基準法第 32 条で定める労働時間と同義であり」と明確に指摘されている。

　例えば、労基法上の解釈（割増賃金請求訴訟）においては労働時間（労基法 32 条）とは評価され難い自宅持ち帰り残業を労働時間と評価した事案（国・中央労基署長事件（大丸東京店）事件・東京地判平成 20 年 1 月 17 日労判 961 号 68 頁）、出張の際の**公共交通機関を利用した移動時間**を労働時間と評価した事案（国・天満労基署長（CSK）事件・大阪高判平成 25 年 3 月 14 日労判 1075 号 48 頁）がありますので、留意が必要です。

　もっとも、仮に労災保険法上または安全配慮義務における労働時間とは評価されなくても、**過重性の判断の評価対象にはなりえます**ので、調査報告書作成時における業務起因性の判断、安全配慮義務違反の法的評価の際には留意すべきです。

　上記を前提にすれば、①労基法の時間と同義と解した上で時間数を社内調査で算定し、②その上で自宅持ち帰り残業や移動時間等の労災保険法上労働時間と評価されうる時間がある場合は、内容を精査し、訴訟では労働時間と評価される可能性、実態によっては過重性の判断で評価される可能性を指摘し、③②を仮定した場合についても意見を示すのが相当です。

※大阪府立病院事件・大阪高判平成 20 年 3 月 27 日判時 2020 号 74 頁

　　過労自殺ではなく麻酔科勤務医師が突発的心筋症による急性心機能不全で死亡した事案の民事損害賠償請求事件において、従事していた「研究活動」について、**労働時間とは評価しません**でしたが、「研究活動の存在は、亡甲の本件業務の**過重性を判断するにあたり**、**考慮されるべきである**」として、業務の過重性評価の対象になることを指摘しました。

(イ)　労働時間の該当性の具体例

　実際の対応としては、指示があったか疑義のある残業・土日の出勤、接待の時間、持ち帰り残業、自己学習の時間等の法的な評価が争いになる余地がある箇所については、上記指摘のように労基法上の労

働時間と労災保険法上の労働時間が同義であるとの**前提条件を付した**
上で、同種事案の下級審裁判例を引用し、当該時間が労働時間と評価
されるか、その理由を指摘すべきです。

　例えば、研修の場合は、研修であることからストレートに労働時間
に該当するわけではなく、令和 3 年 3 月付厚生労働省労働基準局補償
課「労働時間の設定に係る質疑応答・参考事例集」132 頁や、下級審
が判断要素としている以下の事実を認定の上で検討します。

> ・強制の方法（どのような権限者がどのような指示をしたか）
> ・不参加の場合の不利益取扱いの有無・内容（注意、査定で評価
> 　されるか、昇進の際等に考慮されるか等）
> ・当該研修に参加しなかった場合に業務に生じる支障の有無・程
> 　度
> ・研修内容と業務との関連性の強弱
> ・場所的拘束[12]（自宅で受講することが可能か）

　また、接待の時間については、以下のような事情を確認し、労働時
間かを判断します。実態を認定し、参加しているのは客であるが**友人**
同士の私的な飲み会に近いイメージの場合は、飲酒していることと併
せれば業務性の点から否定される可能性が十分あります。

> ・指示の有無・内容（上司から指示を受けたものか）
> ・金銭の支払い（従業員の自腹か、会社負担か）
> ・担当者自身が接待の実施、場所・時間を決定したか
> ・売上と直接関連するか（懇親・慰労の趣旨か業務との関連性が
> 　強いか）

---

[12]　労基法上の労働時間と同義であると解する以上、労基法上の労働時間の意義
を示した三菱重工長崎造船所事件最高裁判決が場所的拘束を考慮要素とし、かつ
研修の場合にこれを考慮要素とはしえない特段の事情がないことから、当然に考
慮要素の 1 つになると解される。

> ・1 軒目か
> ・会話の内容（まごうことなき商談か、世間話か）

※国・大阪中央労基署長（ノキア・ジャパン）事件・大阪地判平成 23 年
10 月 26 日労判 1043 号 67 頁

　脳疾患を発症し死亡した事案について、大阪地裁は、接待の必要性を
会社が承認しており、費用を負担していたことから業務の延長と評価で
きるとし、労働時間と評価しました。

　しかし、判決文を読むと、本判決も一般論として接待について業務性
を肯定したものではなく、当該事件における接待の目的・具体的な内容
からあくまでも**例外的な位置づけであるとの立場を維持**しながら、労働
時間と評価したと評価するのが相当です。そのため、この地裁判決のみ
を根拠に、親睦のための接待で会社が費用を負担したとの事実がある等
の程度では、労働時間とは評価されえないと思われます。

(ウ)　どの資料で労働時間を認定するか？

　上記で認定した発症の時期を前提にした場合の発症前 6 か月間の時
間外労働時間数（サービス残業に注意）を以下の点を認定の上で 1 日
ごとに認定します。

> ・始業時刻
> ・終業時刻
> ・休憩の取得の状況

　重要なのは、**会社が賃金を支払っている際の資料が就労実態を示し
ていると鵜呑みにせず**、会社としては抵抗がありますが、改めて労働
時間を検討することです。ズレがある場合は残業代の未払があったこ
とになり、会社としては別途の問題が生じますが、リスクの把握の点
からは当然に検討する必要があります。

　社内調査報告書で必ず書くべきは、どの資料で労働時間数を認定す

るかおよび当該資料が労働時間数を適切に示すことの根拠、換言すれば当該資料が従業員の就労実態を適切に示していることの理由です。

　例えば、業務日報であれば、①単に提出していただけではなく、記載内容について上司の承認を得る仕組みになっていた、②一定の期間まとめて作成したのではなく、日々業務終了時に作成し提出していた、③ヒアリングによって認定された就労実態と整合する、④帰社時刻を示す社有車の貸出記録と整合しない点がない等です。

　自己申告の記録しかない場合は、**プラスアルファの労働時間がないかを詳細に検討する必要**があります（第 6 章第 2 節参照）。

　経験上、以下の場合は当該自己申告の記録が正確に労働時間を反映していない蓋然性が高く、必ず①ヒアリングによって明らかになる就労実態と整合するか、②他の証拠と相反する場合にはその理由の検討、③運用の問題の有無について、調査を行うべきです。例えば、自己申告の時間が 9 時〜17 時であった場合に、警備記録から 7 時 30 分に出社していることが認定できる場合には、その時間何をしていたか、他の労働者に対してヒアリングを実施して就労実態とのズレがないか、自己申告の運用に問題がなかったかを検討します。

・営業職等、業務内容から終了時刻に一定の幅があるはずなのに、9 時〜17 時等、明らかにデフォルトの数値が入力されている場合
・デフォルトの数値の変更箇所が少ない場合
・業務の繁忙時期と時間外労働時間数がリンクしていない場合
・時間外労働が相当な時間数なのに、休日労働はゼロで申告、休憩時間は 1 時間等で入力されている場合
・管理監督者層の場合
・同様の業務を担っている他の同種の従業員に比して明らかに時間外労働時間数が少ない場合
・36 協定の限度時間に毎月近い場合

・会社から時間数について通達が出ている場合

　なお、事業場外みなし（労基法 38 条の 2）や、管理監督者（労基法 41 条 2 号）の場合は、賃金支払のための時間と上記の社内調査で明らかにすべき時間が別物であることに留意する必要があります。

　この場合は、**労基法 38 条の 2、労基法 41 条 2 号の適用の可否（法的要件の充足）とは関係なく、実際に就労した時間を認定する必要**があるので[13]、基本的には①業務報告等の就労実態を示す記録の検討および②同種業務を担っていた従業員からのヒアリングで 1 日、1 週の業務の流れ、作業内容を特定し、亡くなった従業員の就労実態を第 1 章で指摘した推認の手法で事実認定します。

　認定する証拠については、**作成プロセス**、他の証拠との符号、上位者の承認等を記載し、当該証拠が労働時間を適切に示していることを記載します。

　例えば、事業場外みなしを適用していた営業職の従業員について、顧客訪問をした際に記載し、課の中で共有していた顧客訪問記録が存在したとします。当該顧客訪問記録に訪問時間が記載されていた場合に、当該時間を労働時間として認定できるかについては当該顧客訪問記録が訪問した時間（実際に就労した時間）を適切に示すかについて、当時顧客訪問に同行していた者の供述との符号、社有車を利用していた場合には駐車場の領収書の記載と符号するか、訪問時間に誤りがあった場合に他の従業員が訂正する機会があったか、当該時間数を前提に顧客に何らかの請求をしていないか等を検証します。

---

[13]　令和 3 年 3 月付厚生労働省労働基準局補償課「労働時間の認定における質疑応答・参考事例集」25 頁

書式 5-2　時間外労働時間数メモ

故甲氏時間外労働時間数

第 1　発症日
第 2　時間外労働時間数
　1　残業申請書（記録媒体）が故甲氏の時間外労働時間数を正確に示すこと
　　⑴　会社の（非管理監督者の）労働時間の把握の方法
　　⑵　上記が運用上問題ないこと
　　⑶　サービス残業の不存在
　2　他の証拠が労働時間を示すものではないこと
　　⑴　パソコンのログ
　　　・パソコンの持ち帰りが許容されていたところ、ログオフ時間を終業時刻とすると明らかに労働していない時間を多分に含むこと
　　　・パソコンの私的利用の可能性を否定する事情がないこと
　　　・成果物の内容から持ち帰りの必要性に疑義があること
　　　・成果物の作成・変更の履歴や同種従業員の稼働状況から推認される時間数と齟齬があること
　　　・業務で使用するデータを共有サーバーで管理していたところ、共有サーバーのアクセスログとの相違があること
　　⑵　入退館記録
　　　・対象者が施設内において喫煙していたこと
　　　・施設内で資格取得のための勉強をすることが許容されており、労働時間以外を多分に含むこと
　　　・一度内勤後に外勤して戻ってきた場合は○時間のみが記録として残ること
　3　研修の時間が労働時間に該当しないこと
　　・裁判例、通達等
　　・本件の実態
　4　発症前 6 か月の各月の時間外労働時間数
　　　　　　発症前 1 か月：○時間○分
　　　　　　発症前 2 か月：○時間○分
　　　　　　発症前 3 か月：○時間○分
　　　　　　発症前 4 か月：○時間○分
　　　　　　発症前 5 か月：○時間○分
　　　　　　発症前 6 か月：○時間○分
　5　恒常的長時間労働の最大値
　　　　　　令和 3 年○月○日から同年○月○日までの 30 日間の○時間

> 6　小括
>
> 　　　　　　　　　　　　　　　　　　　　　　　　　　以　上

(エ)　サービス残業の認定

　サービス残業の有無に関しては、①そもそも業務を行っていたか、②行っていたとしても、指揮命令があり労働時間と評価されるかの**2段階で検討します**。当然ですが、就労していても指揮命令なく勝手に就労していた場合には②の観点から労働時間とは評価されません。

　前者の①については、警備記録、タイムカード、パソコンのログ、メール等から、就労していたと考えられる時間を認定（または推定）します。

　また、業務日報等を検討のうえ、同種の業務を担っていた労働者等にヒアリングを実施し、1日・1週間・1月単位の業務の流れ・作業量を特定し、この点からも就労していたと考えられる時間を推定し、認定します。

　後者の②については以下の事実等を確認し、指揮監督下にあったと評価できるかを検討します。

・サービス残業禁止に関する周知の徹底等
・サービス残業を肯定するような発言の有無
・黙認の有無
・業務量
・締め切りの有無・内容
・遅れた場合のサンクションの有無・内容

(オ)　計　算

　計算方法は、労基法32条、37条の計算方法ではなく、厚生労働省のいわゆる「脳・心臓疾患の認定基準」7頁、同「精神障害の認定基準」5頁の計算式に従い、1か月を4週プラス2日とし、1週ごとに

区切って労働時間が 40 時間超えか否かを時間外労働の判断基準とします[14]。

　なお、発症の時期を明確に特定できない場合は、以下のようにパターンを分けて検証します。

発症時期	時間外労働時間数	その余
8 月 21 日（仮定） ※診断書提出時期		
7 月 1 日（仮定） ※うつ病エピソード		
5 月 1 日（仮定） ※うつ病エピソード		

㈎　恒常的長時間労働の計算

　業務起因性の判断のためには、**恒常的長時間労働**の計算もする必要がありますので注意が必要です。恒常的長時間労働とは、精神障害の労災認定の判断にあたり出来事と関連して評価される 1 週間あたり40 時間を超える労働時間が 1 月あたり 100 時間程度となる労働をいいます。要は、発症前 6 か月間の中で最も労働時間数の多い 30 日を、発症前 1 か月、2 か月等の月単位での 30 日の枠とは関係なく切り取って計算するものです。

　実際には、時間外労働時間数**単体**ではなく、**恒常的長時間労働と、その他の「中」の出来事で「強」と評価され、労災認定がなされる**ケースが多いので、必ずこの計算をする必要があります。

---

[14]　詳細な計算方法は古川拓著『労災事件救済の手引（第 2 版）』（青林書院）86〜90 頁等参照。

⑶　業務内容の質・変化（異動、昇格等）

　この場合には、まず発症前 6 か月以上前に従事していた業務の内容、流れ（1 日、1 週間、1 年）を記載します。その上で、発症前 6 か月についても同様の記載をし、比較をします。

　発症前 6 か月内で業務内容に変化がある場合には、①変化の内容、程度、②時間外労働時間数との関係、③ 6 か月内に従事した業務に従前携わったことがあったか、④経歴等に照らし当該業務を行うに足りる能力を十分に有していたか、⑤サポートの有無等を記載します。

　ここで特に注意すべきは、労働時間の点からは単体では「強」にはならなくても、労働時間と業務の変化で合わせて、「精神障害の認定基準」の別表 1（業務による心理的負荷評価表）の項目 15（**仕事の変化**）、項目 22（**転勤**）で「強」になることが多いということです。

　安全配慮義務の点から業務による心理的負荷を検討するに際しても、別表を一定程度参考に検討します。例えば、新卒で入社した従業員が初めてプロジェクトの主任担当者を任されてその結果、業務量が増えた等の場合は、①当該職種であれば通常経験するものか、通常何年目で経験するのか、②対象会社での就労期間、③専属になったか、従前の業務との兼務か（単純にプラスアルファなのか）、④時間外労働時間数がどの程度増えたか、⑤同種の業務の経験の有無（先輩が主任のプロジェクトを手伝ったことがあるか等）、⑥失敗した場合の人事上の不利益の有無等を事実認定し心理的負荷の程度を検討します。

⑷　ハラスメントの有無（別表の項目 29）

　過労自殺の場合には、遺書等がある場合を除き、スケジュール表、組織図、人事台帳等を前提に業務上接点のあった従業員に対して網羅的にヒアリングを実施し、ハラスメントと評価できる事実の有無・内容を認定します。

第3章、第4章を参照し、事実認定を行い、別表に当てはめを行います。時間数だけでは問題のない事案でも、ハラスメントの「中」の水準がある場合は、これによって合わせて「強」になることがあるので留意が必要です。

⑸　業務起因性、安全配慮義務の見通し

㈦　業務起因性の判断

上記で認定した事実を前提に、認定基準に当てはめて、労災認定の可能性について記載をします。

また、安全配慮義務に関しても記載をします。安全配慮義務に関しては、①過重労働の有無、②過重労働の有無に応じて予見可能性の対象、程度を指摘のうえ、本件で認定できるかを指摘します。

さらに、安全配慮義務に関しては、判決になった場合の金額（ライプニッツ係数をもとに最高額）や、過失相殺の余地等を記載する場合もあります。

書式5-3　業務起因性メモ

業務起因性について

第1　認定した事実
1　発症日
2　時間外労働時間
⑴　発症前6か月の各月の時間外労働時間数
発症前1か月：〇時間〇分
発症前2か月：〇時間〇分
発症前3か月：〇時間〇分
発症前4か月：〇時間〇分
発症前5か月：〇時間〇分
発症前6か月：〇時間〇分

　(2)　恒常的長時間労働の有無および時期
　　　〇時間（〇年間〇月〇日から同年〇月〇日）
　3　業務内容の変化
　4　ハラスメント

第 2　業務起因性の判断
　1　「精神障害の認定基準」の別表 1（以下同）「特別な出来事」としての「極度の長時間労働」の有無
　2　別表 1「出来事」項目 16 としての長時間労働の有無
　3　他の出来事と関連した**恒常的長時間労働の有無**
　　・心理的負荷の強度が「**中**」の具体的出来事があり、その出来事の前後の**どちらか**において、1 か月あたり 100 時間程度の時間外労働の有無（別表 1「特別な出来事以外」「2」①ないし②）
　　・心理的負荷の強度が「**弱**」の具体的出来事があり、その出来事の前後**それぞれ**において、1 か月あたり 100 時間程度の時間外労働の有無（別表 1「特別な出来事以外」「2」③）
　4　別表 1 出来事項目 15 としての長時間労働の有無
　5　小括

以　上

　上記のように、まずは発症日を決め、過去 6 か月の時間外労働時間数、恒常的長時間労働の時間数を計算します。
　その上で、第 2 記載の 1〜4 をそれぞれ検討し、その上で他の出来事の有無を検討します。前述のように、3 の恒常的長時間労働で労災認定されるケースが多いので、丁寧に認定・評価します。
　なお、恒常的長時間労働の計算に関しては、WEB 上で無償公開されている「労働時間アナライザ」[15] を使用すると簡便です。

㈡　安全配慮義務の判断方法

　判例上[16]、会社が従業員の精神障害発症や自殺等について、安全配慮義務違反の責任を負うには、当該業務の遂行に伴って慢性的疲労や

---

[15]　https://www.fk-rosai.com/analyzer.html

心理的負荷が過度に蓄積することにより、従業員の心身の健康が損なわれ、当該結果である精神障害が発症・自殺するおそれがあることについての**予見可能性**が必要と解されており、換言すれば予見可能性が存在する場合に限って、安全配慮義務違反が肯定されるに留まっています。ここで、過労自殺の場合には予見可能性の①対象、②程度について議論があります。

　この点について下級審裁判例を概観すれば[17]、**過重労働が存在**し、従業員に強度の心理的負荷がかかったため自殺した場合のように一般的に見て自殺することがありうるような強い心理的負荷があった場合には、予見可能性については**長時間労働等の業務の過重性または病状悪化の危険を抽象的に認識**していれば足りる等の構成で、安全配慮義務違反が肯定される傾向にあります。

　他方で、**過重労働が存在しない**場合には、精神障害の発症から自殺に至る結果発生についての予見可能性が別途詳細に検討され、上記の過重労働が存在する場合との比較において容易には認定されない傾向にあります。具体的には、そのような場合には、**あくまでも精神障害の発症または自殺についての具体な予見可能性が必要**と解し、その上で、この点から否定する例があります[18]。

　そのため、下級審裁判例では過重労働のない事案においては、精神障害の発症、自殺についての具体的な予見可能性がある場合に限って、安全配慮義務違反が肯定される傾向にあると言えます。

---

[16]　例えば、電通事件・東京高判平成 9 年 9 月 26 日労判 724 号 13 頁、ボーダフォン（ジェイフォン）事件・名古屋地判平成 19 年 1 月 24 日労判 939 号 61 頁、立正佼成会事件・東京高判平成 20 年 10 月 22 日労経速 2023 号 7 頁、前田道路事件・高松高判平成 21 年 4 月 23 日労判 990 号 134 頁、日本政策金融公庫事件・大阪高判平成 26 年 7 月 17 日労判 1108 号 13 頁等。

[17]　例えば、札幌高判平成 19 年 10 月 30 日労判 951 号 82 頁、高松高判平成 21 年 4 月 23 日判時 2067 号 52 頁等。

[18]　以上について、石村智「労災民事訴訟に関する諸問題について」判タ 1425 号 36 頁参照。

　以上から社内調査においては、①過重な労働の有無をまずは認定し、その上で、②①を踏まえた予見可能性の対象、程度を設定の上、事実の有無を検討します。

図 5-2　過労自殺における予見可能性の対象

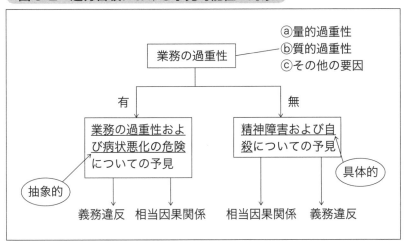

（出典：石村智「労災民事訴訟に関する諸問題について」判タ 1425 号 46 頁の図を修正）

　なお、ここで業務の過重性を判断する場合には、対象となった従業員と同種の従業員を基準に検討しつつも、就労後間もない従業員、新人等の業務経験の浅い従業員の場合には、新人をベースに過重性を検討します[19]。

---

[19]　下級審においても、新人という同種の従業員を設定し、業務の過重性を判断している事案がある（みずほトラストシステムズ（うつ病自殺）事件・東京高判平成 20 年 7 月 1 日労判 969 号 20 頁、国・福岡中央労基署長（九州テン）事件・福岡地判平成 19 年 6 月 27 日労判 944 号 27 頁）。

※医療法人甲会事件・札幌高判平成 25 年 11 月 21 日労判 1086 号 22 頁

　　新人の臨床検査技師がうつ病を発症し、自殺した事件において、安全
配慮義務違反の有無が争点になりました。

　　札幌地裁は、労働時間等の点から過重労働はないと評価し、その上で
精神障害を発症するおそれがあることの**具体的な予見が必要**と解し、こ
れを否定しました。

　　他方、札幌高裁は、地裁が労働時間と評価しなかった自習時間を労働
時間と評価し、自習時間を時間外労働時間数の計算に入れ、月 100 時間
程度の時間外労働（※過重労働）があったと指摘し、事実関係の評価を
変え、予見可能性の対象としてうつ病等の精神障害を発症したことの**具
体的認識等を要するものではない**との法律論を示し、その上で、**時間外
労働、時間外労働と同視されるべき自習時間、超音波検査等の習得状況
を認識しえた**ので、予見可能性に欠けるとはないとして、安全配慮義務
違反を肯定しました。

3　提出、開示の対象になる

(1)　労基署からの提出指示

　　上記で作成した調査報告書等は、労災申請時に労基署から提出を求め
められることがあります。また、ヒアリングを実施した場合も音源や
ヒアリング議事録等の記録も労基署から提出を求められることがあり
ます。

　　さらに、訴訟になれば遺族側から労基署や会社に対する文書送付嘱
託（民事訴訟法 226 条）や文書提出命令の申立て（民事訴訟法 221
条）の対象になることもあります。

　　このような点から、事実認定が不十分な書面を作らないことが重要

です。

　例えば、以下の①〜④の書面は、**労基官や裁判官の適正な事実認定を阻害する**ので、この点から弁護士が事実調査を行うのが相当です。

---

①伝聞・非伝聞の区別がない書面

②実際には見ていないのに見たような書きぶりの書面

③印象を事実のように書いた書面

④明確な記憶がないのに断定的に記載をした書面

---

(2)　開示請求の対象

　また、上記(1)で労基署に提出した資料は、労災（不）支給決定後には、**遺族側（請求人）が労働局に個人情報保護法 13 条 1 項に基づく保有個人情報開示請求によって入手が可能**であり[20]、これによって会社が提出した書面や、災害調査復命書[21]や労基署が調査・収集した資料、判断内容を記載した書類等を入手できます[22]。

4　社内調査報告書

　例えば正社員が昇進によって営業部の管理職に就任した後に過労自殺に至ったような場合等には、以下のように検討の上、記載します。

---

[20]　請求は、労基署ではなく都道府県の労働局長に対して行う。

[21]　「災害調査復命書」とは、労働災害が発生した際に、労働基準監督官等の調査担当者が労働災害の発生原因を究明し、同種災害の再発防止策などを策定するために調査結果等を踏まえた所見を取りまとめて作成される文書である。

[22]　ただし、請求人以外の個人情報（事情聴取の内容等）は黒塗り。

書式 5-4　社内調査報告書（安全配慮義務違反）

○○株式会社

調査報告書

令和○年○月○日
○○法律事務所
弁護士　　○○

第1　精神障害の発症の有無・時期

第2　過重労働の有無
　1　前提となる事実
　　・入社時期
　　・入社前の経歴（就労経験、貴社での業務との類似性）
　　・入社後の業務内容・配転の有無
　　・売上げに関する責任
　　・顧客とのトラブルの有無
　　・フォロー体制
　2　労働時間
　　・時間外労働時間数
　　→精神障害の発症の時期を自殺の直前であると仮定した場合の自殺に
　　　至る前の6か月間の時間外労働時間数
　　・休日の取得状況
　3　業務内容の変化
　4　ハラスメントの有無・内容
　5　法的評価
　　・量的過重性
　　・質的過重性（業務の内容、地位、役割、執務環境等）
　　・その他の事情（パワハラ等）
　　→過重労働なし（※安全配慮義務違反には精神障害の発症か、自殺に
　　　ついての使用者の具体的予見可能性が必要）
　　　OR 過重労働あり（※業務の過重性及び病状悪化の危険についての抽
　　　象的な予見可能性で足りる）

第3　予見可能性の検討
　1　亡甲氏の発症前6か月間の言動
　　・通院・服薬の申告の有無
　　・心身の不調を訴えた事実
　　・同僚において精神障害の発症を推認させる異常な言動を見た

　　　　・人事面談の際の状況
　　　　・メールの文面から精神障害の状況が読みとれるか
　　　　・業務遂行状況（パフォーマンスの低下等）
　　　　・欠勤・遅刻・早退
　　　　・ミス・トラブルの増加
　　2　小括

第4　安全配慮義務違反について
　　　　　　　　　　　　　　　　　　　　　　　　　　　　　　　以　上

第 3 節

対　応

1　解決の方向性

　上記の事実関係を前提に意見をし、①労災認定、②安全配慮義務違反について、以下のパターンのどれに該当するかを見極め、会社の方針を決定します。

　ここで重要なのは、パターン 1（次いでパターン 2 またはパターン 4）であれば、**労災申請前**、**または労災認定前**に、会社から和解を提案し早期に解決を目指すことを検討することです。

パターン（イメージ）

	労災認定「高」	労災認定「中」	労災認定「低」
安全配慮義務違反「高」	パターン 1	パターン 2	パターン 3（理論上はありえない）
安全配慮義務違反「中」	パターン 4	パターン 5	パターン 6
安全配慮義務違反「低」	パターン 7 →予見可能性が否定されるケース	パターン 8	パターン 9

　また、パターン 9 等、会社が法的な責任を問われる可能性が低い（そのため、訴訟になれば支払はゼロ）とはいえ、事案の性質に照らし、外部に出た場合のレピュテーションリスクが高い事案（若年者の過労自殺等）の場合は、一定額での和解等も十分検討すべきです。

2 労災申請対応

(1) 申請時には別紙の提出を検討する

　会社としては、社内調査を実施し、事実関係が複雑な事案や、労働時間該当性等の法的な判断を含む事案の場合には、申請書の事業主証明欄の「災害の原因および発生状況」には証明ができない（この点を番号で指摘し、その余は押印）ことを記載する[23]等ばかりではなく、労基署が適切な判断（事実認定および法的評価）ができるように、押印した申請書に社内調査を踏まえた意見書を別紙として添付して提出することもあります。

　当該意見書に記載すべきポイントは以下です。

> ・被災労働者の基本的な業務の流れ（1 日、1 週間、1 月ベースで）、指示系統
> ・発症時期に関する事実関係
> ・**時間外労働時間数**
> ・**業務内容・変化**
> ・**ハラスメントの有無・内容**

---

[23]　実際には、事業主証明欄の不動文字を二重線で消し、「当社は、原因と結果の因果関係の有無を判断できませんので、貴庁にてご判断をお願いいたします。なお、貴庁からの調査については誠実に対応します。」等と記載する。

(2)　資料の提出・面談

　意見書を提出する際に労基官と連絡をとり、上記の意見書の内容等を説明するために面談の実施を要請することが適切です。その際には、提出した意見書をベースに重要な事実を説明し、裏付ける証拠を提出します。また、どの事案でも「労働時間をどの資料で認定するか」がキモになるので、この段階で会社の考え方を説明します。

　この際に重要なのは、あくまでも意見書は労基署による今後の調査の方針の参考になるに過ぎず、これで事実認定を行うことは想定できないので、意見書ではなく、労基官の判断の基礎となる資料を提出することが必要ということです。労基署から不明点の指摘や調査の指示を受けた場合には速やかに調査の上、資料を作成し、提出します。特に労働時間関係の資料、業務実態について述べた同僚等の陳述書が重要になります。

　よくある労基署の誤解およびそれに対する対応は、以下の3つです。

㋐　事実誤認

　適正な事実認定のために事案の内容についてよく知る者を指摘し、同人をヒアリングするように要請します。

　事案によっては、ヒアリング対象者に会社側で再度ヒアリングを実施し、その上で陳述書の形で労基署に提出をすることも検討に値します。

　陳述書は、例えば、同様の業務に従事していた従業員であれば、①業務内容、②当該業務の会社の事業全体の中での意味、③当該業務を行う上での負荷（負担が大きい作業・時期）、④失敗した場合にどのような責任を負うか、⑤人事評価の項目等を具体的に記載します。特に労基官に②・③を理解してもらうことが適正な事実認定のためには重要です。

　また、業務内容や業務の流れ等に関して、説明の資料を作成し、提出する場合もあります。特に会社の制度や業務内容については、心理的な負荷を検討する上で重要な事情になるので、この点について誤解があれば必ず指摘の上で資料を提出します。

(イ)　労働時間の考え方

　よく問題になるのが研修の時間[24]、接待の時間、レクリエーション、社内の飲み会等を、**特段の合理的な事情なく**、漫然と労働時間に算入しているような場合です。

　研修であることだけで直ちに労働時間なるものではないことから、この点、どういった事実からそのように考えたのかを労基官に聞きます。その上で、通達において、労基署（行政）としては労働時間の意義は労基法と同様に考えているとのことですので、この場合には、下級審例の傾向、重視している事実、文献等を示して「本件では、労働時間と評価されるか」についての会社の考え方を指摘します。

図5-3　イメージ

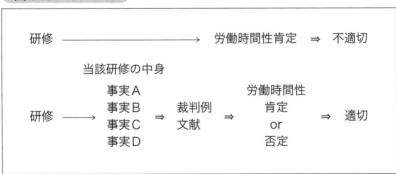

---

[24]　厚生労働省「労働時間の適正な把握のために使用者が講ずべき措置に関するガイドライン」（平成29年1月20日策定）3・ウ参照。

⒅　労働時間をどの資料で認定するか

　労基官が依拠する資料が実労働時間を示すかの検証を行います。

　例えば、労基官が在宅勤務等のために PC の持ち帰りが許容されている場合で PC のオン・オフ等で労働時間を認定している場合は、特段の事情のない限り明らかに労働時間には該当しない一定の時間を労働時間に算入していることになります。当然ですが、このような「PCのオンの時間＝労働していた時間」ではありません。

　このような場合は、以下のようにまずは①が②によって示される就労の実態と齟齬がなく、かつ③その余の資料と矛盾しないことを示し、①で労働時間を認定すべきとし、計算表（④）を作成の上、提出します。

　その上で、労基署の依拠する資料（⑤）が②および③と整合しないことから、労働時間を示さないことを指摘します。

---

①　会社が依拠する資料（自己申告の記録、時間外労働命令書等）

②　労働実態を示す資料（業務日報、同僚の陳述書等）

③　その余の資料（警備記録、社有車の貸出記録等）

④　労働時間の計算表

⑤　労基署が依拠する資料（PC のログ、タイムカード等）

3　民事上の和解

(1)　民事上の和解の提案

　労災申請の前の段階で、遺族側と労災決定後に労災決定の内容を踏まえて民事の話合いをさせてほしいと連絡を取り、決定の内容を可能

であれば遺族側から聞き、決定の内容を踏まえて会社が一定の金額等
の提案をするのが対応方法の１つです。

　なお、遺族側が個人情報開示請求で調査復命書を入手している場合
には、同書面には労基署が認定した事実が記載されていますので、こ
れを遺族側から交付を受け、これも踏まえて訴訟になった場合の見通
し等を前提に提示する金額を決定の上、提示します。

　提示する金額は、上記指摘のように労災認定と安全配慮義務が重複
することから、労災認定の結果[25]（および調査復命書記載の労基署が
認定した事実）によって大きく異なります。

　ただし、難しい問題ですが、調査復命書記載の事実のうち重要な事
実について**明確な**事実誤認や、評価（弱、中、強）が明確に適正では
ない場合には、金額の交渉の点から遺族側との和解に向けて信頼関係
を壊さない限度で書面や面談の場等で指摘をすることも検討に値しま
す。もっとも、とりわけ遺族側に弁護士がついていない場合にはこの
点で揉める（和解しうる関係を壊す）可能性が相当程度高いので、そ
の点を十分に踏まえて対応する必要があります。

⑵　和解交渉

㋐　傾　向

　死亡した従業員に配偶者、子供がいる場合、交渉の相手は相続人の
代表である配偶者になることが多く、その場合にはあくまで当職の経
験した限度ですが、配偶者自身の将来、何より子供の生活を考慮し、

---

[25]　労災認定の結果については、企業からの問合せに対して、開示する労基署は
ありません。
　遺族側からの連絡や、決定後の労働局から会社に対する情報開示請求の意見通
知等で知ることになるのが通常です。

金銭解決が可能な場合が多い傾向にあるとの感を有しています。

　他方で、死亡した従業員が 20 歳代または 30 歳代で配偶者や子供がいない場合で相続人が親の場合には、金銭解決が難航する場合が多い傾向にあるとの感を有しています。

(イ)　条件等

　遺族側との和解交渉では、金額の他に主として以下の条項が争点になります。

・謝罪条項

・再発防止策に関する条項

　→労働時間の管理方法の厳格化（タイムカードの導入等）

　→制度変更し問題となった役職層を管理監督者から外す、月の時間外労働を〇時間までとする等

・パワハラ等の場合は加害者の措置（懲戒、人事上の措置）に関する条項

・労災保険給付との関係の条項

・清算条項

・守秘条項

---

(3)　和解の提案を拒否された場合

　上記に従い和解を提案したが、金額如何を問わず応じない場合や社内調査を踏まえた法的評価に応じた金額と著しく差があり譲歩が難しい場合も多くあります。

　このような場合には、基本的には会社側として誠意を持った対応を続けるほかなく、やむをえず訴訟等に至った場合には訴訟において社内調査で明らかになった事実を前提とした当方側の主張を第 1 回期日から展開し、裁判所の心証をベースに和解勧告に従って解決を目指す

ほかありません。訴訟においては、準備書面および証拠が出そろった
段階や、尋問前後等に和解の勧告があるのが一般的です。

4　懲戒処分

　長時間労働の実態があった場合で、労務管理が極めて杜撰であった
場合（サービス残業を知りながら放置、特定人に業務が過度に集中し
ながら業務量の調整を全く検討しない等）には、管理職等について一
定の処分を検討します。ただし、このようなケースでは管理職自身も
極めて多忙であった等の事情が認定できる場合が多く、このような場
合の懲戒処分には一定程度、慎重になるべきです。

　なお、調査の中でハラスメントの事実が確認でき、当該ハラスメン
ト事案で懲戒処分を実施した場合は、労災認定にあたり、懲戒処分通
知書等が提出を促されますので、正確な事実をこの点からも、認定・
記載する必要があります。

5　再発防止策

　過労自殺が発生した場合、死亡した当該従業員に関する事実関係の
調査および遺族対応のみならず、企業として従業員の死という重大な
事象の発生を真摯に受け入れ、労働時間等の労働条件、労働環境、健
康管理の状況が適切であったかを検証し、具体的な再発防止策を講ず
ることが、現代社会が企業に求める要請を勘案すると不可欠であると
思料します。

　過労自殺を亡くなった従業員の個人の問題としてとらえることは
あってはならず、企業として真摯に総括をし、ハラスメントや長時間
労働等の職場の問題点を放置しないことが企業価値の毀損を防ぐ面か

らも重要です。

　典型的には過労自殺が主として長時間労働が原因の場合は、会社の実態に応じて長時間労働に対する具体的な対策を講じる必要があります。何ら対策を講じず、または形だけの不十分な対策を講じ、その結果同種の事態が生じた場合には、社会から厳しい評価を受けることは論を俟ちません。

　上記の社内調査で時間外労働時間数を認定する際に、どの点が長時間労働となる原因かがある程度わかるので、その点についても意見をすることがあります。

　この問題は、①適正な労働時間の把握（機器の導入等）、②①を前提にどのように労働時間を減らすかの問題になり、①は②に比較すれば比較的容易ですが、②は会社のビジネスモデルとの関係で収益に直結する場合もあり、相当な労力を要します。

　②については、㋐人を増やす、㋑仕事の量を減らす、㋒警告やルール化等が考えられますが、実際には㋐・㋑の実現なく、㋒のみでは**解消できる問題ではなく**、結局、①の問題が潜在化し、**サービス残業の方法が変わるだけ**等、長時間労働がなくならないことになります。

　上記のとおり㋐・㋑は企業の経営に直結する問題であり高度な経営判断事項ですが、他方で従業員に対する安全配慮義務の点から少なくとも長時間労働の問題の解消を真に目指すのであれば、この点に手を入れる以外の方法は通常ありません。

6 監督課対応

　労働基準監督署は、労基法違反の有無を調査し是正勧告等を担当する監督課、労働災害を担当する労災課、安全衛生・メンタルヘルス対策についての業務を行う安全衛生課、庶務・経理・総務等を担う業務課の4つの課で構成されています。そして労災申請対応にあたり、会

社が**労災を担当する労災課に提出した資料は、監督課にも共有されま
す**[26]。

　それに基づいて、監督課から三六協定の限度を超える長時間労働等
を理由とする労基法 32 条違反の是正勧告、指導、割増賃金に関する
是正勧告等がされる場合が多くあります。

　また、就業規則や労働条件通知書の記載、また労働時間適正把握ガ
イドラインの遵守等を指導される場合もあります。

　さらに、事業場外みなしの場合について、①所定労働時間内の事業
内労働に対する割増賃金の支給、②要件（労働時間を算定し難いとき
に該当しない等）についての指摘も多くあります。

　時間的な面で言えば、労災の決定前に是正勧告・指導がされ、対応
の方針としては、よほどの事実誤認等がない限り、粛々と対応する以
外に選択肢はありません。

---

[26]　令和 2 年 2 月 25 日付労災発 0225 第 1 号

第6章

未払残業代

　労務に関する不祥事の1つである未払残業代の問題の本質は、請求してきた従業員への個別の対応（支払）に済まない可能性があることです。

　これは、未払残業代は運用ではなく、共通する制度の瑕疵に起因することが通常であるので、当該制度の適用対象となる全従業員に波及する可能性があるからです。

　この点は、割増賃金に関する消滅時効が従来の2年から3年になったことから[1]、さらに大きな企業リスクになったと言えます。

　本章ではまず労働時間に関する紛争の特性を指摘し（第1節）、その上で、近時よく問題になる紛争類型についての社内調査で押さえるべきポイントについて解説します（第2節〜第6節）。

第1節

全 体 像

1 視 点

　未払残業代の紛争における社内調査で重要なのは、第1章第1節で指摘のとおり、最悪の事態が何か、その発生の可能性（確率）を可能な限り正確に把握することです。

　社内調査を適切に実施し、**個別の訴訟の勝ち負けに固執せず**、会社全体の利益を主眼に対応方針を決定することが重要です。

　（元）問題社員からの残業代請求について、会社として払いたくないとの意見をもらいますが、上記の全体のリスクの大きさとの兼ね合いを重視して判断するのが相当です。

　トラブルの展開は、従業員からの残業代請求からですが、多くは退職者からです。対応により慎重になるべきなのは、在職者から請求を受けた場合です。すなわち、労働組合の支援がある場合や、従業員のキャラクターによっては在職中でも請求してくる場合もあり、この場合は当事者が在職していることから**請求後の労務管理、制度変更について深刻な影響が生じます**。

1　改正労基法の施行によって、令和2年4月1日以降に支払期日が到来する残業代を含む賃金請求権の消滅時効期間は賃金支払期日から5年とされ、当面の間はその期間は3年となった（改正労基法115条、143条3項および改正労基法附則2条2項）。

例えば、在職中の管理職から自身は管理監督者（労基法41条2号）に該当しないとして未払残業代を請求された場合には、社内調査の結果実際に労基法上の管理監督者としての条件を満たさないとして、管理職として扱う者を限定する等の制度変更を実施することがあります。このような場合には自身が管理職として扱われなくなる制度変更に同意（労契法9条）せず、不利益変更の無効を理由に変更後の期間分も請求、あるいは管理職から外したことについて自身が訴訟提起したこと等についての意趣返しだ等として濫用（労契法3条5項）や不法行為を理由にさらに訴訟を提起してくることも想定されます。

2 社内調査時に検討すべき事項

以上を踏まえ、会社の意思決定（支払うか、制度変更をするか等）の前の時点である社内調査の時点で、以下の(1)〜(3)の点を検討することが必要です。

(1) 無効の可能性

まずは、問題になっているのが運用の問題なのか制度の問題なのかを検討します。その上で、制度の問題であれば事実調査および現在の裁判例に照らして、以下のいずれかを検討します。

基本的には①なら、制度変更を速やかに実施し、他の従業員への波及の可能性から敗訴判決を絶対にもらわないことがセオリーです。

---

① 明らかに無効

② 有効性に疑義あり（裁判官によって考え方が異なりうる水準）

③ 無効と評価される可能性は低い

⑵　財務への影響

　以下の 2 点を検討します。

> ・当該制度の適用対象者（退職者を含む）
> ・消滅時効の関係で、全員が訴えてきて、全て敗訴した場合の金
> 　額（遅延損害金や付加金も検討）

　運用が問題になる場合は問題となる運用の範囲をヒアリング等で確
定（把握）します。

⑶　訴訟提起のシミュレーション

　実際にどの程度の数の従業員が訴訟してくるかについては、正確な
把握は困難ですが、例えば以下がメルクマールになります。

> ・労働組合の有無・加入者数・会社との関係
> ・当該企業の風土、賃金水準
> ・転職の容易さ
> ・制度の瑕疵の大きさ（→大きければ労働者側が負けないので訴
> 　訟してくる）
> ・回収できる金額
> ・地域的な特性

3 社内調査後に検討すべき事項

　上記❷を踏まえて以下の点を検討します。

(1) 制度変更

上記の社内調査を踏まえ、以下の点を検討します。

・実施するか否か
・実施時期
・実施方法（同意書の取得、就業規則変更、労働協約）

同意書の取得で実施する場合には、①制度変更の同意（労契法9条）に加えて、②債権債務なしの清算についての同意を採れればベストです。

実際には、過去分を支給する際には支給条件としてこのような条項を入れることがあります。

(2) 訴訟等の終わらせ方

未払残業代に関する紛争で最も重要なのは、敗訴判決をもらうことで波及しないかということです[2]。

和解の際には、守秘条項と清算条項が必須です。この点、守秘条項の実効性には事実上、限界がありますが、この点の細かい条件等に固執して、和解できない事態は避けるべきです。

(3) 紛争を終わらせる時期

尋問前、尋問後、地裁判決後高裁で和解、最高裁まで行くなどのパターンが想定できますが、制度変更の時期・影響等との関係も十分に考える必要があります。

---

[2] なお、会社側が勝てる訴訟でも、未払残業代に関する訴訟において多くの場合、会社側は判決をもらうメリットがないと思われる。

第 2 節

自己申告の機能不全

1　社内調査の実施

(1)　機能不全の原因

　次節以降では、労働時間の「制度」について法的な有効要件を満たさない場合の問題について述べますが、本節では、基本的には「運用」の問題の代表であり未払残業代の発生の典型例である自己申告制の機能不全によるサービス残業の社内調査について解説します。

　残業代の発生の対象となる労働時間（労基法 32 条）とは、①就労の実態および②①の実態が使用者の指揮監督下にある場合の時間です。当該時間について残業代（賃金）を支給していない場合には、残業代の不払い（労基法 24 条、37 条）の問題が生じていることになります。

　このようなサービス残業の問題は、自己申告制を採用し、当該自己申告制度が適正に運用されていない場合に多く生じます。

　この点、労働時間の管理手法の 1 つである自己申告制度は、労働を実施し、労働の実態（いつからいつまで就労したか）を最も知りうる労働者に賃金の支払い対象となる労働時間の申告を委ねる制度であり、**運用が適正でさえあれば**、就労の実態を正確に賃金支払に反映できるので労使双方にとって合理性を有する制度です。

　他方、タイムカードの場合には、打刻した時間自体は正確に示しますが、その間の時間全てを就労したことを証明するものではありませんので、就労の実態と賃金の支払が正確に一致しない可能性を有しています。

　自己申告の場合の労働の実施から賃金の支払までのプロセスは、

---

❶　労働者による労働の実施
　　　↓
❷　❶についての労働者の認識・記憶
　　　↓
❸　労働者による申告
　　　↓
❹　❸に基づく賃金の支払

の流れであるところ、**❷→❸が会社または労働者の事情で適正になされないこと**があります。これが運用の問題です。

　会社側の事情としては、計算の便宜から労働時間の申請を 15 分単位にすることや、申告を受け付ける時間外労働時間数の上限の設定すること等です。

　他方、労働者側の事情としては、上記の会社の指示を前提に上限以上は申請しない、❶からしばらくして 1 月ベース等でまとめてつけた、成果に比して時間外労働を多くつけると自身の能力を否定的に人事評価させることを恐れて過小申告をする[3]等です。

　上記の労働時間の意義の整理で言えば、①就労の実態が適正に賃金の支払い義務を負う使用者に伝わらないことになります。

---

[3]　『最高裁判所判例解説民事編 平成 12 年度（上）』（法曹会）386～387 頁の八木洋一調査官解説では、労働生産性に関する人事評価の点から労働時間の過小申告がなされる可能性が指摘されている。

(2)　終業時刻後

　典型的には、事業所内で実際には就労したにもかかわらず、当該時間を適正に申告しない場合が想定されます。

　このような場合には、①について、例えば以下の点を調査し、労働の実態を把握します。

　なお、社内調査を実施する場合には、問題のある部署や支店等の労働者に再度の自己申告を指示し、その上で申告内容を基礎づける資料を提出させ、当該資料を前提に再度申告された時間が労働時間と評価できるかを検証する場合もあります。

図 6-1　終業時刻後

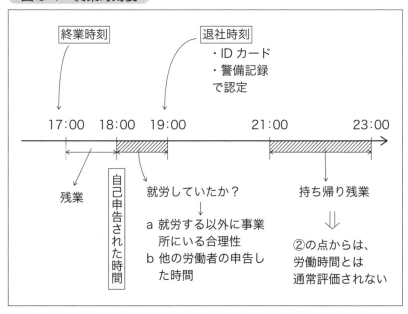

・警備記録等から退社した時間がわかるのであれば、自己申告の

時間とのズレの有無・程度
- 当該ズレの理由
  →自習等の就労以外で事業所にいることが許容されていたか、いない場合には就労していたことが通常は推認
- ズレの程度
  →ズレが通常想定しうる範囲に留まるか
- 同種の労働者の出退勤の時間、就労の時間、就労経験
  →同レベルの従業員で同じ業務を行っていれば同じような労働時間になるのが通常
- 自己申告する時間の上限の設定の有無
  →繁閑に関わらず毎月同じ時間数ではないか

　上記で自己申告した時間以外にも、就労した時間が認定できるのであれば、当該時間について上記②の点（指揮監督の有無）である以下の点を調査し、①が指揮監督下で行われたと評価できるかを検証します。

- 会社として申告のない時間について就労していることの黙認（認識、放置）
- 業務量と上限の設定のバランス（超える可能性があることを前提で上限を設定していれば、上記と同様黙認があったとも評価しうる）
- 期限の設定、期限を徒過した場合のサンクションの有無・内容

(3)　持ち帰り残業

　いわゆる持ち帰り残業についても、メールや提出された成果物、同種の労働者の就労の実態等から上記の①の点を調査しますが、最高裁[4]は場所的な拘束の有無を指揮監督の有無を判断する上で考慮要素

としているところ、自宅の場合には場所的な拘束がなく、就労の方法
の点について規律が通常ないこと等から、②の点からは、労働時間と
は評価されないケースが多いと思われます。

⑷　在宅勤務

在宅勤務の場合は、理論的には①の問題が残りますが、持ち帰り残
業と同様、①が肯定されても②の点が大きな問題になります。

この点に関する裁判例は現時点では不見当ですが、在宅勤務を実施
していても、終業時刻後の規律の点、場所的拘束の点から⑶の持ち帰
り残業の場合と別異に解する事情がないことから、指揮監督の点から
否定されることになる可能性が高いと思われます。

2　対　応

この問題は、労働時間と評価される時間については労基法 24 条、
37 条の規制がかかりますが、「労働時間と評価される実態」につい
て、①会社として会社の実態に応じて適切な把握の方法を選択し、②
いかに同把握を適正にし、労働時間について適正に賃金を支給するか
という問題です。

この点、労働時間の把握に関するガイドライン[5] では、タイムカー

---

[4]　三菱重工業長崎造船所〔一次訴訟・会社側上告〕事件・最判平成 12 年 3 月 9
日労判 822 号 11 頁。同事件最高裁調査官解説 196〜197 頁では、始業前の作業服
の着替え時間について、事業所内の所定の場所で行うことを指揮監督下と評価で
きるかの 1 つの要素と評価し、制服の着用を自宅で行うことが許容されている場
合には当該時間が労働時間に該当しない可能性が示唆されている。
[5]　平成 29 年 1 月 20 日基発 0120 第 3 号「労働時間の適正な把握のために使用者
が講ずべき措置に関するガイドライン」

ドが原則的な労働時間の把握の方法であることが示唆されています
が、重要なのは、タイムカードを導入することではなく、実態に沿う
方法であれば足りるという点です。

　各社の実態に応じて、タイムカード、自己申告等を選択すれば足り
ます。

　仮に自己申告を採用する場合には、ハード、ソフトの両面から申告
が適正になされる現実的な手段を検討します。

　ハードの面からは、上記のような 15 分単位での申告等の廃止、自
己申告の数値が労働の実態に近似しているかを事後的に検証しうる入
退社等の客観的な時間の把握等です。

　ソフトの面からは、会社側としては自己申告が適正になされないよ
うな指示（上限等の廃止）の廃止、時間外労働の許可を行う管理職等
が労働時間の誤った理解（または自身の評価のために[6]）に基づいて
申告の却下をしないようにガイドライン等で基準を示すこと、労働者
側においては日々申告をすること等です。

　なお、時間外労働時間数の上限の設定、指示自体は労基法の遵守や
安全配慮義務の点において重要ですが、それがかえって業務量等の点
からサービス残業の温床になっていないかを再度検証することも重要
です。

---

[6]　前掲・脚注 3 の八木洋一調査官解説を参照。

第3節

仮眠時間（労基法 32 条）

1　社内調査の実施

　社内調査では、仮眠時間をどの事業所で使用しているか、下記のどのパターンか、要素はどの程度認定できるかを調査し、その上で下級審裁判例等を踏まえた法的評価を指摘します。

(1)　仮眠時間とは？

　仮眠時間とは、一般的には事業所内等で仮眠を取得し休息をする時間であり、会社として賃金を支給していない時間です。警備業等でよく使用されています。

　このような仮眠時間を制度として採用している場合には、仮眠時間中に対応した時間（**点**）だけではなく、対応していない時間全体（**線**）も労働時間（労基法 32 条）と評価され、割増賃金（労基法 37 条）の対象になるかという問題が生じます。

　例えば、午後 11 時から翌朝午前 6 時までが仮眠時間で、15 分対応した場合に、対応した 15 分のみならず、**7 時間全体が労働時間となるかという問題**です。

　誤解が多いのは、**対応した時間の後に休ませても上記の問題とは関係がない**ということであり、上記の例で言えば、15 分仮眠時間を延長しても 7 時間全体が労働時間に該当するかとは関係がないというこ

とです。

図 6-2　仮眠時間

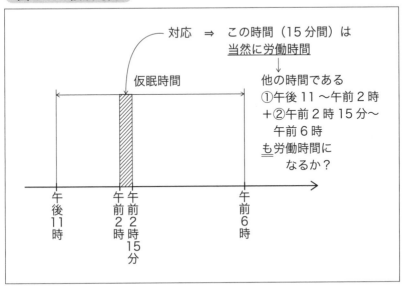

(2)　どんな場合に仮眠時間が労働時間になるか？

㋐　メルクマール

　大星ビル管理事件（最一判平成 14 年 2 月 28 日民集 56 巻 2 号 361 頁・労判 822 号 5 頁）は、仮眠時間のような不活動時間が労基法上の労働時間に該当するかについて、「労働契約上の**役務の提供が義務付けられている場合**には、**労働からの解放が保障**されているとはいえず、従業員は使用者の指揮命令下にある（＝労基法上の労働時間）」との判断基準を示しました。

　そして、同事件および同事件以降の下級審判決を概観すれば、上記の「労働契約上の役務の提供の義務付け」および「労働からの解放が

保障」されているかについては、以下の①〜⑧が考慮要素であり、とりわけ以下の①〜③がメインの考慮要素です。

　イメージで言えば、以下の①〜⑧によって、仮眠時間中に何かあった場合に**直ちに対応する**ことが**義務付けられていたか**、対応する義務はあったが直ちに対応する必要がなかった、または、そもそも対応する義務自体がなかったかを検証します。

　例えば、②に関しては、仮眠時間中における警備対象の施設からの外出が、上司の許可や緊急の連絡用に携帯電話を持つ等の特段の手続きなく許容されていれば、一般的には直ちに対応する義務があったとは評価さない可能性が高いといえます。

　③に関しては、あくまでも総合判断であり、かつ下級審を見ても、頻度に関する裁判官の価値判断には一定の幅があるように思われます。仮眠時間中の対応の回数で言えば、感覚として、およそ1人につき宿直業務が月10回程度ある事業場において、対応が月1回以上であると、この点から労働時間該当性を肯定されやすくなると当職は考えています。

　以上を踏まえて、事業所ごとに以下の点を、事実認定の上、労働時間と評価されるかを検討します。

考慮要素

項　目	確認すべき事項
①仮眠時間中の行動の制約	・制服着用が義務付けられていたか ・食事・入浴が許可されていたか ・ゲーム等が禁止されていたか
②場所的拘束の有無	・施設外への外出が許容されていたか（コンビニ、牛丼チェーン店等） ・外出した場合に、注意指導、懲戒処分、人事評価の対象にしていないか ・外出が許容されていた場合は、他の従業員に告げたり、携帯電話の所持を指示されていたか ・施設内の仮眠室以外の場所（休憩室、喫煙所等）に行くことが許容されていたか
③仮眠時間中の対応の頻度	・回数 ・当該事業所での平均回数 ・対応は恒常的か、一時的な事象（火災・防犯等）によるものに過ぎないのか
④仮眠時間中の待機場所	・仮眠室の有無 ・仮眠室内に警報器や子機等があるか ・ベッドの有無
⑤仮眠時間中に常に連絡が取れるようになっているか	・無線機等の携帯を指示していたか ・携帯しないことや、電源をオフにすることが許容されていたか ・実際に無線機等を保持していたか

⑥仮眠時間中の対応に即応性があるか	・即応が会社と従業員との契約上明示（マニュアル等）されていたか（〇分以内に現場に行く等） ・即応しない場合に注意・指導の対象になるか、即応しなかったことを理由に過去に懲戒処分を実施したことはないか
⑦会社と第三者（警備対象であるテナント等）との契約内容	・顧客等の第三者との契約上、仮眠時間中も緊急対応をする契約になっていたか ・仮眠時間であることが、第三者との契約内容に反映されていたか（何も書いていないか）
⑧会社と従業員との指示内容	・会社の指示内容、研修、通知等 ・作業マニュアル（仮眠時間中の緊急対応を義務付ける内容になっていたか）

図6-3　関係図

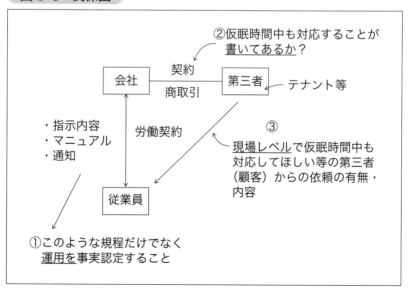

大まかなパターンと、裁判例の傾向は以下のとおりです。

	1 人体制	2 人体制	3 人以上
同時仮眠	基本的には×（ただし、対応の回数がゼロに近ければ△）	×・△	×・△
交　　替		△・○	△・○

※「×」は労働時間該当性が肯定される可能性が高いとの意味

㈠　1 人体制

通常は、1 人であることから、**性質上②が強く（1 人で外出可能は通常想定しえない）**、③の頻度にもよりますが基本的には労働時間性が、肯定される可能性が相当程度高いと言えます。

財務状況や第三者との契約内容等によりますが、あくまでも訴訟リスク（判決で労働時間と評価される可能性）の点からは、社内調査の結果、③の点から回数が相当少ないと評価できる場合以外は、1 人体制は廃止をするのが望ましいと言えます。

㈡　2 名体制で同時仮眠

1 人体制の場合とほぼ同様に判断され、**同時仮眠は労働時間該当性が肯定される可能性が高い**と言えます。

ただし、2 名分いずれもが労働時間に該当するかは 1 つの論点です。仮眠中の対応について、業務の性質に照らして必ず 2 人で対応する必要性があったか、2 人での対応は自主的か会社からの指示に基づくものであり義務付けがあったと評価できるかの点は問題になります。

㈢　2 名体制かつ交替で仮眠

この場合には、㈠一方が仮眠時間中に何らかの対応が必要になるとしても、**発生する業務量・性質から起きている従業員（仮眠時間では**

**ない従業員）のみで対応可能か、必ず 2 名で対応する必要があった
か、**(イ)実際に起きて対応したことがあったか、回数等がメルクマール
となります。

　この類型の場合には、労働時間該当性が否定される余地は十分にあ
ります[7]。

　労働時間と判断されないためには、仮眠時間ではない起きている 1
人で（火災等の人命に関わる事象以外は）対応できる体制の整備が重
要です。

(2)　社内調査報告書

　上記の点を踏まえて、以下の点を調査、意見します。

書式 6-1　社内調査報告書

甲社における仮眠時間の労働時間該当性について

第 1　前提となる事実関係
　1　仮眠時間が採用されている事業所、雇用形態
　2　仮眠時間に関する手当の支給状況

第 2　事実認定
　1　1 人体制、2 名体制で同時仮眠、2 名体制かつ交代で仮眠のいずれの
　　タイプに該当するか
　2　それぞれごとのメルクマール（①～⑧）
　3　各事業所の特殊な運用の有無

第 3　上記を踏まえた各事業所の労働時間該当性に関する意見

---

[7]　例えば、ビル代行〔宿直勤務〕事件・東京高判平成 17 年 7 月 20 日労判 899
号 13 頁、ビソー工業事件・仙台高判平成 25 年 2 月 13 日労判 1113 号 57 頁では、
複数名で勤務し、交代で仮眠をしていた場合に、何らかの対応が必要な事態が生
じても、基本的に**起きていた警備員（仮眠時間ではない警備員）で対応できた**こ
と等を理由に仮眠時間の労働時間該当性を否定した。

1　各事業所の労働時間該当性
2　波及の可能性
3　手当の性質

以　上

　ポイントは、訴訟になった場合には実態（運用）がメインで検討されますので、規定の精査のみでは適正な法的評価をするためには不十分であり、可能な限り現地でのヒアリングを実施することです。

　上記のメルクマールに関して、事業所が多い場合等は、各事業所に対するアンケートの実施と、サンプルとして何か所かの事業所で実際にヒアリングを実施して、全事業所において同様の事実認定がされる可能性についての意見を出すことも考えられます。

　例えば、波及の可能性についても以下のように意見をします。

　甲事業所では仮眠時間において、○年○月から同年○月までの間に交代で仮眠する場合において、発報時に必ず2名で対応していたとの運用があったことが認定できる。

　しかし、①入社時に全従業員に配付される当社の社内マニュアルに仮眠時間の場合には火災等の緊急の場合を除き起きている者だけで対応することが明記されていたこと、②令和2年1月10日付けの当社社内通知で仮眠時間中は対応の必要性がないことが全従業員に周知されていたこと、③上記指摘の問題のある運用が生じたのは、乙課長が就任後である令和3年4月以降であり、かつ乙課長等のヒアリング結果によれば、前任者である丙課長からこの点に関する引継ぎを受けたことはない旨の供述等を勘案すればあくまでも甲事業所の運用の問題に過ぎず、他の事業所で同様の運用がある可能性は高いとは言えない。

　実際、④上記の点から、サンプルとして上記施設の4つの近隣の事業所においても同様のヒアリングを実施したが、上記の運用はなかったのであり、この点からも上記の甲事務所に特有の運

用であったことが裏付けられる。

2　対　応

基本的な対応は以下です。

(1)　労働時間性が否定される可能性が高い事業所

　基本的には現状維持で問題なく、仮眠時間に手当等を支給している場合には、労働時間ではないことを前提に慰労の趣旨等の手当になっているかを規定等で確認すれば足ります。

(2)　労働時間性が肯定される可能性が高い事業所

　過去と今後に分けて検討します。

㋐　過　去
　まず、過去分は労働時間性が肯定される可能性の高さに照らし、過去分（2年または3年分）の対応を検討します。支給する場合には、どんな名目で支給するか[8]、制度変更との関係が問題になり、また、この場合には清算条項は必須です。

㋑　今　後
　今後については、大枠で言えば以下が選択肢になります。

---

[8]　当然だが賃金として支給する場合は源泉徴収義務有。

（対応案 1）

　仮眠時間を廃止し、労働時間として扱い（対応義務を課す）、賃金を支給。

→人件費の増大

→労働時間が長くなることから、36 協定の問題、安全配慮義務違反の問題

→顧客との関係（この時間分を請求できるか）

（対応案 2）

　実態を適正化（1 人仮眠体制の廃止、複数体制にして起きているメンバーのみで対応する体制の構築、機械警備等の導入等で仮眠時間中の対応義務の解消、業務マニュアル等で仮眠時間に業務に従事する必要のないことを明確にする、顧客に対する説明等）し、労働時間としない。

　対応案 1・2 のいずれについても、社内調査の結果、今後是正をするのであれば、従業員側から過去分の支給についての指摘は必須ですので、この点についても、適正な対応が不可欠です。

　実際には、一定限度で過去分を支給し、その際に①支払義務のある金額の確認の条項（各人、各日毎の労働時間数を示したエクセル表の作成、算出の計算式を添付等）、②清算条項、③制度変更の同意（労契法 9 条）の条項を入れ、当該同意を得た上で支給をするのが実務的な対応の 1 つになります。

図 6-4　今後の対応

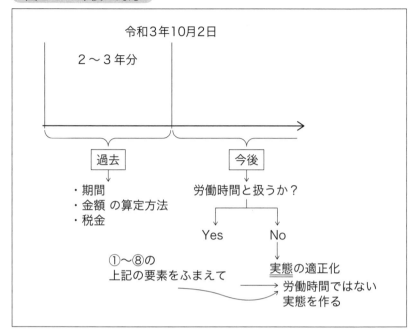

　対応案 1 については、仮眠時間について労働時間ではないことを前提に慰労の趣旨で手当を支給していた場合には、労働時間の対価として支給することになるので慰労の趣旨の分をなくすことになることから、同意（労契法 9 条）や就業規則による変更（労契法 10 条）で労働契約の内容を変更することを検討します。

　次に、対応案 2 の実態の適正化に関しては、業務マニュアル等で対応義務がないことを明示しても、運用が適正でない場合には、結局は繰り返し訴訟等において労働時間と評価されます。

　当然ですがマニュアルを作成しても、現場の実態から遵守できないような内容では、労働時間の実態は解消されませんので、マニュアル作成前に十分なヒアリング等を実施し、遵守可能な実態を作ることを前提にマニュアルの内容を決定します。

　単にマニュアルに「対応する義務がない」等と規定しても、①顧客からの要望時の対応、②緊急事態時の対応等についても適正な運用を行いうる実態の整備をしないと、結局は対応せざるをえなくなり、この問題は解決しません。

　なお、仮眠時間が問題となる事案のうち、とりわけ、警備業の場合は、職務に対する責任感が強い従業員が多く、その性質上、「仮眠時間中は対応しなくてもいい」との規定があっても対応してしまうことがあります。

　対応としては、社長メッセージ等を出す等して**一部の管理職等の考えではなく、会社の考えである旨**を示した上で、管理者（隊長等）の研修、顧客である店舗等に対して会社の方針（仮眠時間は原則として対応できないこと等）を十分に説明、対応しなくてもカバーできる体制を整備（起きている人、他社の従業員が対応等）することが重要です。

　また、顧客との契約書の記載等も労働時間の根拠となることから、この点も併せて修正等を検討すべきです。

第 4 節

管理監督者（労基法 41 条 2 号）

1　社内調査の実施

(1)　問題の所在

　管理監督者の問題は、①**労働契約で会社の自由**に決定できる企業の管理職の範囲と、②**労基法の適用で客観的に決まる**労基法 41 条 2 号の範囲が一致しないことによって生じます。

　下記**図 6-5** のグレーゾーン（斜線部分）の場所の問題になります。このグレーゾーンについて、労働基準監督署による是正勧告等で労基法 41 条 2 号の適用が否定されると過去 2〜3 年に遡って 1 日 8 時間、週 40 時間を超えた時間について割増賃金の支払が必要になり、また訴訟で会社が敗訴すれば支払われていない部分の割増賃金に加えて、違反の程度（上記①がどの程度労基法 41 条 2 号の要素を充足していないか）によって同額を限度とする付加金（労基法 114 条）の支払が命じられることもあります。

　社内調査では、下記(2)〜(6)の点を踏まえて、対象となる会社において、どのランクまでが「監督若しくは監理の地位にある者」の要件を満たす可能性が高いかを指摘します。換言すれば、**会社の設定した管理職のラインと、司法判断を経た場合のラインの相違の有無・程度**について指摘をすることになります。

　その上で、グレーゾーンについて労基法41条2号の適用が否定される可能性が高い場合は、下記の図のように①労基法41条2号を満たすように実態を整備するか、②グレーゾーンの従業員について、労基法41条2号の適用対象から外し、企画業務型裁量労働制（労基法38条の4）、フレックスタイム（労基法32条の3）、通常の労働時間制（労基法32条）の適用を検討します。後者（②）の処理が一般的であり、この場合には、労働契約上の管理職の扱いを維持するか、従前支給していた役職手当の処理等も問題になります。

　なお、上記②の場合には、例えば否定される層が100人いた場合、就労の実態が各部署によってさまざまな場合があり、**一律ではなく実態に応じて**労働契約上の管理職を維持するか、役職手当の処理、上記の3つ労働時間制のうちどれを適用するのかを決めていく場合もあります。

図6-5　対応フローチャート

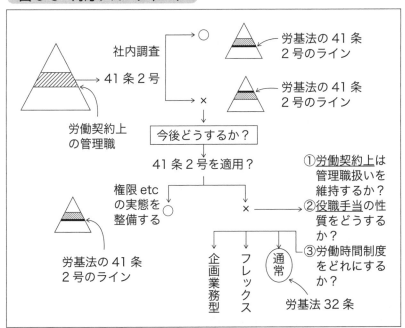

⑵　判断要素（総論）

⑦　メルクマールは何か？

　労基法 41 条 2 号の「監督若しくは管理の地位にある者」とは、労働条件の決定その他労務管理について経営者と一体的立場にある者の意味であり、名称にとらわれず、実態に即して判断すべきものとされています[9]。

> （昭和 63 年 3 月 14 日基発 150 号）
> 　法第 41 条第 2 号に定める「監督若しくは管理の地位にある者」とは、一般的には、部長、工場長等労働条件の決定その他労務管理について経営者と一体的な立場にある者の意であり、名称にとらわれず、実態に即して判断すべきものである。具体的な判断にあたっては、下記の考え方によられたい。

　その上で、上記の通達は「⑶管理監督者の範囲を決めるに当たっては、職務内容、責任と権限、勤務態様に着目する必要があること。」とし、また「⑷待遇に対する留意　管理監督者であるかの判定に当たっては、上記のほか、賃金等の待遇面についても無視しえないものである」と指摘しています。
　敷衍すると、以下の 3 つの事項が「監督若しくは管理の地位にある者」の範囲を画する上で重要な事項であるとするのが、昭和 22 年 9 月 13 日基発 17 号および昭和 63 年 3 月 14 日基発 150 号の正確な読み方です。

> ①　職務内容、責任と権限
> 　事業主の経営に関する決定に参画し、労務管理に関する指揮監

---

[9]　昭和 22 年 9 月 13 日基発 17 号、昭和 63 年 3 月 14 日基発 150 号

督権限を認められていること

② 　勤務態様

自己の出退勤をはじめとする労働時間について裁量権を有していること

③ 　賃金等の処遇

一般の従業員に比しその地位と権限にふさわしい賃金上の処遇を与えられていること

(イ)　どのタイプか？

その上で、①労基法が「監督若しくは管理の地位にある者」と規定し、監督者と管理者の 2 種類を想定していること[10]、②通達上[11]、（監督権を想定しえない）スタッフ管理職についても労基法 41 条 2 号の適用を認めていることから、管理監督者には以下の 3 種類があり、**3種類ごとにどの事実を重視するかが異なることから、まずは調査対象**がどの類型かを把握します。

・監督の地位にある者

・管理の地位にある者

・いわゆるスタッフ管理職

　→ただし、スタッフ管理職については通達と裁判例の立場が異なることに注意

(ウ)　判断「要素」であり「要件」ではない

この点の判断要素を明示した最高裁判決は現時点で存在しないとこ

---

[10]　この点は、立法段階での説明からも明らかである（労働基準法案および質疑応答、出典『日本立法資料全集（53）』（信山社）163 頁）。

[11]　昭和 52 年 2 月 28 日基発 104 号の 2（都市銀行における管理監督者の範囲）、105 号（都市銀行等以外の金融機関の場合）、昭和 63 年 3 月 14 日基発 150 号（金融機関以外の一般企業へと拡大）。

ろ、下級審によれば、以下の 3 つを総合判断し、実際には付与された権限が限定的であることや、管理される側の業務が過大といえるような兼務（プレイングマネージャー）であること等を理由に、否定される例が多数です。

　イメージとしては監督権・管理権が**実質的には要件とも評価しうるほど重要**であり、勤務態様に高度の裁量があり、**待遇がいかに高くても**監督権・管理権が弱い場合には、労基法 41 条 2 号を満たす余地はないということです。

書式 6-2　確認事項

確認事項

第 1　監督権・管理権（○×ではなく 0～10 のイメージ）
　1　監督権
　　(1)労働時間の指示
　　→業務遂行に関する指示、時間外労働・休日労働の指示、出張の指示等
　　(2)部下の規律違反行為に対する注意・指導
　2　管理権
　　(1)募集および採用権限・範囲（非正規社員だけか、正社員を含むか、以下同じ）、採用条件の決定権限
　　(2)解雇、雇止め等の決定権限
　　(3)人事評価の権限、範囲

第 2　勤務態様
　1　遅刻・早退の場合の賃金のカットの有無
　　→非管理監督者はカットされているか
　2　出社時刻・退社時刻が指示されていたか
　3　業務の性質・量から出社・退社時刻が決定されていたか
　4　タイムカード等の位置づけ
　　→打刻等をさせているが賃金計算の基礎としていない、労安衛法 66 条の 8 の 3 の労働時間の状況の把握のために実施しているに過ぎないか
　　→単に出退勤の有無の確認や防犯のためか

第 3　待遇面

```
1  年収額
2  非管理監督者との比較
   ・処遇差
   ・制度設計上、管理職の給与額が非管理職の給与額を下回る可能性
3  時給換算した場合
   ・タイムカード等で計算した場合に逆転現象が生じるか
   ・最低賃金との関係
                                              以　上
```

⑶　権限・責任

㋐　監督権限、管理権限とは？

　労基法 41 条 2 号で規定される「監督」とは、敷衍すると、①業務遂行の順序、時間配分、期限、報告など業務遂行に関する指示および始業・終業時刻・休憩・休暇などの指示・管理、時間外労働・休日労働命令、出張や他の事業所の応援等のための一時的な配置等といった労働時間に関する指示、②部下の規律違反行為に対しての注意・指導等がその内容です。

　他方、管理権限とは、企業組織における従業員の地位の変動や処遇に関する使用者の決定権限であり、具体的には採用・配置・異動・昇進・昇格・降格・休職・解雇に関する権限となります（菅野和夫著『労働法（第 12 版）』（弘文堂）157 頁参照）。

㋑　権限のベースをどの範囲で見るか？

　問題になるのは、上記㋐の権限が「事業所単位」であれば足りるのか、「全社ベース」で必要かという点です。

　この点については、労基法が事業所単位での規律である点等からは、労基法 41 条 2 号の解釈としては**事業所単位で足りる**[12] と解すべきです。

　もっとも、訴訟を前提にした場合、全社ベースで必要であるとの考

えをもっているとも思われる裁判官もいることから[13]、訴訟の見通し
を検討する際には留意すべきです。

㈡　権限の範囲・強弱を見る

　上記の権限を評価する際には、**あるかないかのみではなく、権限の
範囲、強さも検討**します。

　例えば、採用に関して言えば、①正社員を含むか、非正規従業員だ
けか、②稟議や他の手続きの要否、③覆る運用の有無等を検討しま
す。

　また、最終決定権限がない場合でも、権限がない（＝ゼロと評価）
と評価するのではなく、**当該決定プロセスの実態を勘案し、決定にど
の程度寄与しているか**で判断をするのが相当です（＝1〜10で評価
等）。規定、稟議のプロセスや実際の運用（どこで判断をしているか）
を見ながら、どこに権限があり、権限の強さがどの程度かを認定して
いきます。

　よく問題になるのは採用権限であり、規定、稟議、面接の参加、面
接のシートの記載欄、上位者が容易に覆すか等から、権限の強弱を評
価します。

　また、人事考課については、複数名で実施している場合が通常です
が、どの位置の考課（1次、2次、最終）か、次の考課者が覆すこと
がどの程度あるのか等を検討し、実態として権限がどこにどの程度あ

---

[12]　このような立場として、セントラルスポーツ事件・京都地判平成24年4月
17日労判1058号69頁、ロア・アドバタイジング事件・東京地判平成24年7月
27日労判1059号26頁、山川隆一・渡辺弘編『最新裁判実務大系7・労働関係訴
訟Ⅰ』（青林書院）455頁、菅野和夫著『労働法（第12版）』（弘文堂）492頁。
[13]　『類型別 労働関係訴訟の実務（改訂版）Ⅰ』（青林書院）251頁では、経営へ
の参画状況が1つの要素になると指摘し、その上で、会社全体に及ぼす影響が必
要であるとする裁判例とその企業にとって重要な組織単位であれば足りるとする
裁判例の両者を指摘している。

るかを検討します。

※セントラルスポーツ事件・京都地判平成24年4月17日労判1058号
　69頁
　　スポーツクラブを運営する会社のエリアディレクターの労基法41条2
　号該当性が問題になった事案において、原告からの人事、人事考課、昇
　格、異動等について最終決裁権限がないことを理由として労基法41条2
　号には該当しないとの主張に対し、「原告の主張のように解すると、通
　常の会社組織においては、人事部長や役員以外の者は、到底、管理監督
　者にはなり得ないこととなる。（略）**必ずしも最終決定権限は必要では
　ない**」と指摘しました。

(4)　勤務態様

㋐　出勤時間が自由であることまでは不要

　「出社退社等について厳格な制限を受けない者」（昭和22年9月13
日基発17号）とは、始業・終業時刻の定めにかかわらず、いつ出社
しても退社しても自由で全く制限がないと説明されることがあります
が、それは放漫経営の現れにすぎず、本来はそのような意味ではあり
ません。

　この点について、「昭和52年2月28日通達の質疑応答集」問2の
答では、「「出社・退社について厳格な制限を受けない者」という従来
の行政解釈（昭和22年9月13日基発17号）について、出社・退社
が自由であるという様な、往時の「重役出勤」的な考え方をとるなら
ば、今日、経営のトップにある者ほど早朝から夜おそくまで働くとい
うことが企業として要請されている中で、このような自由を有する者
は**放慢な経営体を除いてはほとんどいない**と言えよう。」とすら指摘
されているところです。

　さらに、同回答は、つづけて「出社・退社について厳格な制限を受けない者」とは、自己の裁量において仕事を進め、出退勤についても自己管理できる権限を有する者で、その結果として、前後の勤務の態様に応じ、朝おそく出社したり、夕方定刻より早く帰宅するようなことがあっても、**それが一般従業員であれば、遅刻、早退等の勤怠成績として評価され、例えば就業規則上の制裁規定の適用を受けたり、昇給、昇格、ボーナス等の査定要素とされるというような不利益な取扱いをうけないような立場にある者**と解するのが妥当であろう。」としています。

　上記を敷衍すると、「出社・退社について厳格な制限を受けない者」とは、**賃金と労働時間との間に連動性のない**従業員の意味であり、このことから「監督若しくは管理の地位にある者」に該当するか否かも、主として賃金と労働時間の連動性の存否で決定していくべきと思料します。具体的には、遅刻をした場合に賃金控除をするか、人事考課等に影響をするかで判断します。

(イ)　タイムカードの存在の整理

　産業医面談の時間の基礎となる労働時間の状況の把握については、労安衛法の改正によって管理監督者も対象になっており（労安衛法66条の8の3）、その把握の方法としてタイムカードによる記録等を基本としています（労安衛則52条の7の3）。

　そのため、タイムカードを使用していても上記の限度で使用していれば、法令を遵守するために行っているに過ぎないので労基法41条2号の点からは否定される要素にはならないと解すべきです。

※コナミスポーツクラブ事件・東京高判平成30年11月12日労判1202号79頁

　　支店長職の労基法41条2号該当性が問題になったところ、**タイムカードの打刻**や、**勤務表の提出**、**勤務予定や勤務実績の報告**を求めていたこ

とを理由に勤務態様の点から否定的な評価をしましたが「**労働時間の実態把握や健康管理上の必要性を超えて、労働時間の管理が一定程度行われていた**」と指摘の上、勤務態様の点において否定的に評価しています。

　逆に読めば、労働時間の**実態把握**や健康管理上の限度であればタイムカードを使用しても否定する要素にはならないことを前提にしているとも評価できます。

⑸　待　遇

㋐　逆転現象の有無

　また、非管理職との間で、収入（年収額、時給）の逆転現象が生じている場合は、待遇の点で否定的に評価されます。

　管理職の①基本給に②役職手当を加えた金額と、非管理職の③基本給に④時間外手当を加えた金額を比較しますが、ここでのポイントは、④が時間外労働時間数で相当程度変動するということです。

　そのため、比較対象となる非管理職がどの程度時間外労働をしていたかもポイントになります。

　また、実際の訴訟では、時間外労働時間数が従業員によって異なることから、比較の対象となる非管理職を誰にするのか（当該事業所での最高値、全社での最高値を採るか等）や、請求期間 2 ないし 3 年の中で一時的に逆転した場合にこの一事をもって請求期間全てについて否定的に評価するか等の問題等があります。

　さらに、上記のように管理職の場合は実際に就労した時間数に関わらず賃金（①＋②）は固定ですので、時間単価の比較においてはどの程度の労働があったかもポイントになります。

図 6-6　待遇差

管理職	①基本給	②役職手当（固定）
非管理職	③基本給	④時間外手当（人、期間等で変動）

〈論点〉
1　④がどの程度あれば　①＋②＜③＋④になるのか？
　　実際にそのような時間外労働の実態はあるか？
2　比較対象を誰にするか？
3　一時的に逆転した場合
4　管理職の実際の労働時間数
　→多いと時間単価が下がる

(イ)　最低賃金との関係

　加えて、通達（平成 20 年 9 月 9 日基発 0909001 号）では、実際の労働時間で賃金を除した額（時間単価に換算した金額）が**最低賃金額を下回る**場合には、「監督若しくは管理の地位にある者」を否定する重要な要素とされており、この点も確認する必要があります。

⑹　その余の重要なポイント

(ア)　スタッフ管理職

　本社の企画・調査等の部門にいる、通常の指揮命令系統（ライン）上にないスタッフ職であってライン管理職と同様の待遇を受ける、いわゆるスタッフ管理職に関しては、通達において**ライン管理職とは別に例外的かつ緩やかな解釈**を採りうることが示唆されています。

　すなわち、スタッフ管理職として、①職能資格などの待遇上、管理監督者と同格以上に位置付けられるものであって、②経営上の重要事項に関する企画立案等の業務を担当する者は、管理監督者と取り扱うことを許容するとされています（昭 63.3.14 基発 150 号）。

　この通達によれば、①・②を満たす場合には、労基法 41 条 2 号の適用が可能とされており、上記指摘の**ライン管理職に比して緩やかに**労基法 41 条 2 号の適用を認めるように読めます。

　しかし、是正勧告を受けた場合の労基署等の労働行政対応の社内調査等であれば、この通達に依拠して有効性を検討しても問題は大きくありませんが、**訴訟の場合には、ライン管理職と同様の判断枠組みで該当性が判断されるのが現在の下級審裁判例の傾向**[14] ですので、当該通達のみを根拠に有効性についてのリスクを評価することは適切ではありません。

　実際にも、地裁判決ですが、日産自動車事件（横浜地判平成 31 年 3 月 26 日労判 1208 号 46 頁）では、**当該通達に依拠した会社側の主張を明確に排斥し**、通常のライン管理職と同様の判断枠組みを適用のうえ、労基法 41 条 2 号の適用を否定しています。

(イ)　プレイング・マネージャー

　管理・監督業務に加えて自らも業務遂行を行ういわゆる「プレイング・マネージャー」の労基法 41 条 2 号該当性を検討する上で重要なのは、マネジメント部分（管理・監督業務）と、プレイ部分（部下と同様の現場業務）の割合です。このプレイの時間は、原則的な労働時間規制（労基法 32 条）と親和性を有し、かつ労基法 41 条 2 号が本来

---

[14]　例えば、PE & HR 事件・東京地判平成 18 年 11 月 10 日労判 931 号 65 頁、HSBC サービシーズ・ジャパン・リミテッド（賃金請求）事件・東京地判平成 23 年 12 月 27 日労判 1044 号 5 頁。いずれも部下がいない事案であったが、スタッフ管理職であることを理由に特段の判断枠組を変更をせず、ライン管理職と同様の判断枠組を用いて該当性を否定した。

的に予定している業務である管理、監督の業務の量が減ることから、労基法41条2号を否定する事情として機能します。

　例えば、①1日、1週、1月の業務の内容、割合や、②当該管理職がどの部分（プレイの部分か、マネジメントの部分か）で査定を受けているか、③プレイの部分の業務が一時的であくまでも補助で入るものか、シフトに通常入っている等して恒常的にプレイの部分が予定されているか等が考慮要素になります。

(ウ)　割合論

　管理職の割合が多いことは、その1人分あたりの管理職が有する部下が少ないことを意味し、部下が少ないことは業務全体における**マネジメント業務の割合が低いことを推認**させ、上記(イ)の考え方に従い、この点から否定する事情と評価される余地があります。

　なお、部下が一時的にいない場合でも、通常のライン管理職の場合には、訴訟や労基署ではこの点を否定する理由として評価されるため、あくまでも一時的にいないにすぎないことおよびその理由を十分に指摘する必要があることに留意が必要です。

(7)　社内調査報告書

　上記❶(2)（230頁）指摘の点を踏まえて、会社で「監督若しくは管理の地位にある者」に位置づけられている者のうち最下位の役職者について、①職務内容、責任と権限、②勤務態様、③待遇等を認定し、評価します。

　例えば、人事制度上役員以下を6層とし、3層（係長）以上を労基法上の管理監督者として扱っている場合には、以下のように記載します。

書式 6-3　社内調査報告書

社内調査報告書

第 1　事実認定
　1　甲社での労基法 41 条 2 号該当者の範囲
　　　甲社では、役員の下に、部長、課長、課長補佐、係長、主任、一般
　　職員であるところ、係長以上を管理職として、労基法 41 条 2 号の管理
　　監督者として取り扱っている。
　2　各層の人数
　3　制度の沿革等
　4　権　　限
　　(1)監督権限
　　(2)管理権限
　5　労働時間管理
　6　待　　遇
　7　その余の事情

第 2　第 1・1 と労基法 41 条 2 号のズレの有無・程度
　1　法的評価
　　　下級審裁判例を見ると、管理監督者性は「権限、勤務態様、待遇」
　　がメルクマールで、このうち下級審においては権限が最重要要素。
　　　上記の権限の内容は、監督権と管理権であり、法解釈上は、そのど
　　ちらかがあれば問題ない。
　　　ただし、権限は、○か×かの話ではなく、どのような範囲の権限を
　　どのような強さで持っているかが問題になる。
　　　上記の点で、係長の権限を見た場合
　　・有している権限が業務指示に留まり、採用権限等を有せず、権限が
　　　狭い
　　・査定権限を有しているとしても、規程上、最終権限者が 2 次考課者
　　　になっており、実際にも 2 次考課者が覆す場合が多く、権限として
　　　弱い
　　・また部下の数も○名であり、この点からも権限が狭い
　　・1 日の労働の流れ、1 週間の労働の流れを見ると、監督業務とプレイ
　　　の比率の点から、監督業務に費やしている時間が短い。
　　・以上の権限の狭さ、弱さに加え、労働時間管理の方法も○であり、
　　　待遇も○であることを勘案すれば、否定される可能性が高い。
　2　どの層であれば有効と評価できるか
　　　上記指摘のように、司法判断を経た場合、下級審裁判例の傾向を勘

　　　　案すれば、甲社の「係長」は労基法 41 条 2 号の該当性を否定される可
　　　能性が高い。
　　　　他方、甲社の○に関して指摘すれば、○。

　第 3　解決の方向性
　　1　財務的な影響
　　　　上記指摘のように、係長の人数は、○人であり、平均的な労働時間
　　　が○時間であると仮定した場合、2 ないし 3 年間の残業代は金○円であ
　　　る。
　　2　是正の方向性

　　　　　　　　　　　　　　　　　　　　　　　　　　　　　　　以　上

2　対　応

　上記を踏まえて、グレーゾーンについて労基法 41 条 2 号の適用の
可能性が低いと判断した場合には以下の点を意思決定します。

　下記**書式 6-4** 第 2・1 については、否定される可能性の程度、月額
の人件費の増加との関係等を踏まえて決定します。また、是正をする
場合は、時期および範囲も問題になります。

　第 2・3 は、上記の人件費の関係もありますが、管理職であること
は従業員のモチベーションに相当程度影響するので、この点も踏まえ
て判断します。

　第 2・4 は、非管理職にする場合は、**収入の減少をもたらす**ことか
ら、役職手当相当額を参考に固定残業代の支給で対応することもあり
ます。ただし、固定残業代として支給する場合で補填すべき**金額が大
きい**場合には、不利益緩和のためとはいえ理論上は、①実際の労働時
間数と乖離する場合は、後述の日本ケミカル事件が指摘するようにこ
の点から固定残業代の合意の成立が否定される可能性、②金額を時間
に引き直した場合の組み込む時間の長さの点から公序良俗（民法 90

条）により有効性が否定される可能性があることに、念のため留意すべきです。

書式 6-4　要決定事項

社内調査を踏まえた要決定事項

第 1　過　　去
　1　どの程度の範囲で遡及払いするか
　2　清算条項付きの同意書
　　→賃金として支給するので源泉徴収義務あり

第 2　今　　後
　1　グレーゾーンについて、今後も労基法 41 条 2 号を適用するか
　　→適用する場合は、実態を変える必要がある
　2　適用をしない場合は、どの労働時間制度を用いるか
　　→企画業務型裁量労働制、フレックスタイム制、通常の労働時間制（1
　　　日 8 時間、1 週 40 時間）
　3　適用しない場合は、労働契約上の管理者の扱いを維持するか
　4　適用しない場合は、役職手当等を支給していた場合には、この分を
　　固定残業代等の別の手当として支給するか

　　　　　　　　　　　　　　　　　　　　　　　　　　　　以　上

第5節

固定残業代（労基法 37 条）

1　社内調査の実施

(1)　社内調査のポイント

　固定残業代制とは、労基法 37 条に定める計算方法による割増賃金を支払う代わりに、定額の残業代を支払う制度のことです。固定残業代制には、時間外・休日・深夜労働の割増賃金について、基本給の中に含めて支払う方法（基本給組み入れ型）と、一定額の手当を支払う方法（手当型）があります。

　固定残業代制の無効は企業に重大な影響[15] を及ぼすところ、固定残業代制に係る社内調査で重要なのは、第 1 に、**現時点の裁判例を前提にした場合に何が要件で、何が要素に過ぎないのかを正確に理解する**

---

[15]　固定残業代が訴訟において、無効と評価された場合の効果は、第 1 に、当該固定残業代部分の割増賃金が不払であったことになる。

　第 2 に、無効な固定残業代制と評価されれば、割増賃金の計算（労基則 19 条 1 項）の際の基礎賃金から控除できなくなる。

　第 3 に、無効の場合には、訴訟において付加金（労基法 114 条）が命じられる可能性がある。

　労基法の改正によって、令和 2 年 4 月 1 日以降は、割増賃金の消滅時効および付加金の除斥期間が当面 3 年になり、この点からも無効の場合の企業の財務、労務管理に与える影響はさらに大きいものになったと言える。

ことです。細かい下級審に引きずられず、**下級審の傾向を見て、リスクの度合いを検証**することが重要です。

　また、社内調査はこれから訴訟になった場合にどうなるかを指摘するものであるので、裁判例については**現時点の流れを把握することが重要**です。過去の裁判例については、下記の近時の最高裁を踏まえて、これに反するものは当然には検討の対象にはすべきではありません。例えば、テックジャパン事件以降かつ平成 29 年の国際自動車事件最高裁判決までの厳格な要件を課した東京地裁の判決については、訴訟になった場合の見通しを検討する上での**現時点での重要性は低い**ものと思われます。

　後述のように、現時点での最高裁、下級審を踏まえれば、有効要件は、固定残業代の合意、明確区分性のみであり、従前議論のあった清算の合意・実態は、有効性に関する要素に過ぎません。

　組み込む時間の長さに関しても、要素の１つとして位置づけるべきです。

　第２に、上記の要件の１つである固定残業代の合意は、後述のように間接事実による認定であるところ、**①問題となる手当の従前の性質、②何に連動しているかという実態の精査が不可欠**です。

　第３に、無効と評価された場合の影響が甚大ですので、社内調査で問題が発覚した場合には**現時点で紛争化していなくても**、問題の程度にもよりますが基本的には速やかに制度変更を実施すべきということです。

⑵　現在の要件は？

　平成 23 年のテックジャパン事件（櫻井龍子裁判官補足意見）以降、当該補足意見が、今後の固定残業代に関するスタンダードな考え方になると考えたと思われる東京地裁を中心とする下級審では、従前の最高裁が指摘していない要件を課す、または要件を厳格に適用する

等して無効の判決を繰り返してきました。

　しかるに、国際自動車事件最高裁判決（最判平成 29 年 2 月 28 日労判 1152 号 5 頁）では従前の最高裁が指摘した**固定残業代の合意、明確区分性のみで有効性を判断**するとの判断を示し、その後の最高裁も以下のとおりこの判断枠組および流れを変えるものではありません。

	示した法律論
医療法人社団康心会事件・最判平成 29 年 7 月 7 日労判 1168 号 49 頁	明確区分性の要件、同区分性を前提とした場合に割増賃金の額を下回らないかという判断枠組が高所得従業員（年俸制）にも適用がある。
日本ケミカル事件・最判平成 30 年 7 月 19 日労判 1186 号 5 頁	固定残業代の合意の認定において、①雇用契約に係る契約書の記載、②使用者の従業員に対する説明、③従業員の実際の労働時間と固定残業代として設定した時間の乖離の 3 つが重要な間接事実になる。
国際自動車事件差戻審・最判令和 2 年 3 月 30 日労判 1220 号 5 頁	明確区分性の判断の前提である時間外労働の対価の判断においては、日本ケミカル事件の示した判断要素以外に賃金体系全体における当該手当の位置付け等にも留意が必要。

　上記の最高裁の流れを受け、現在の要件、換言すれば社内調査での事実認定の対象は以下のとおりです。

> 1　固定残業代の合意
> 　(1)　成　立
> 　　・日本ケミカル事件の 3 つの事実
> 　　・下級審が示した間接事実（特に、連動、従前の性質）
> 　　・清算の規定、実態

```
  (2)　有効性
    ・時間数
    ・劣悪な労働条件（実質的な時間給が最低賃金水準になるか
     を計算）
  2　明確区分性
```

(3)　固定残業代の合意

㋐　合意の成立

　固定残業代とは時間外労働、休日および深夜労働に対する各割増賃金をあらかじめ定められた一定の金額で支払う**雇用契約に関する賃金支払方法の合意**です。

　そのような賃金支払方法に関する合意が成立したかは、合意に関するさまざまな事情（**間接事実**）**を総合的に勘案**して事実認定をすることになります。

　日本ケミカル事件が示した雇用契約書に固定残業代の記載がある事実は固定残業代の合意の成立を示す重要な間接事実になりますが、これだけで固定残業代の合意の存否を判断することはできず、他の間接事実も十分に検討することが必要です。

図6-7　合意の成立の判断

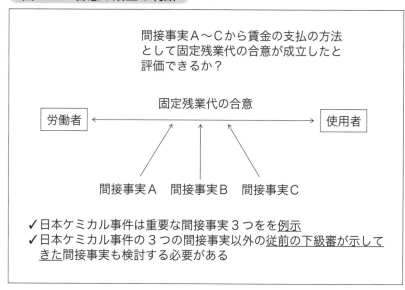

間接事実A〜Cから賃金の支払の方法
として固定残業代の合意が成立したと
評価できるか？

固定残業代の合意

労働者　←――――――――――――――→　使用者

間接事実A　　間接事実B　　間接事実C

✓日本ケミカル事件は重要な間接事実3つをを例示
✓日本ケミカル事件の3つの間接事実以外の従前の下級審が示して
　きた間接事実も検討する必要がある

　間接事実のうち、特に重要、換言すれば**「強い」間接事実は、①当該手当の額が何に連動して金額が決まっているか、②従前の手当の性質（従前の性質論）です。**

　前者は、固定残業代は、労基法37条の時間外労働に対する対価として支給するものであり、その性質上、通常の残業代と同様、労働時間に比例するものであるべきであるので、固定残業代の金額が時間外労働の時間数で決定されていることは、肯定する事情になります。他方、時間以外の要素と金額がリンクしている事実は否定する事情になります。

　後者は、もともと固定残業代の性質（時間外労働の対価）を有していない手当を名称だけ変更したに過ぎないのではないかという点です。**そもそも時間外労働の性質を有しない手当を残業代の削減のために名称だけ変更したような場合**には、時間外労働の対価の実態を有しないことは明らかです。

　私見ですが、対価性のない手当については、2 つのパターンが想定
しえ、1 つは有効な同意等で労働契約の内容の 1 つである賃金の性質
が変更され時間外労働の対価の性質になる場合、もう 1 つは同意（労
契法 9 条）や不利益変更（労契法 10 条）の要件を満たさず、依然と
して対価性を有しない場合です。

　この点、上記のような変更は実質的には基本給部分の減額であり労
働者に与える不利益が顕著であり、同意や不利益変更の要件をほぼ満
たすことはなく、高い確率で無効になることから、この点から従前対
価性を有しなかった事実は不利益変更手続の履践によっても、対価性
に一定の疑義を生じさせる事実として機能するものと考えます。

　例えば、基本給（15 万円）と各種手当（業務手当 7 万円、役職手
当 10 万円、技術手当 2 万円）から成り立っていた場合において、あ
るとき就業規則を変更し、「業務手当 7 万円は、時間外、休日手当、
深夜労働に対する賃金として支給する」として、残業代の基礎賃金か
ら引き、残業代に充当したような場合には、具体的な事情にもよりま
すが基本的には、労契法 10 条の要件を満たす可能性は低いといえま
す。

　なお、同意（労契法 9 条）で性質変更を実施する場合でも、基本給
部分の減額に等しく、不利益の程度が大きいので、山梨県民信用組合
事件最高裁判決（最判平成 28 年 2 月 19 日労判 1136 号 6 頁）以降の
近時の労働条件の不利益変更の同意に関する下級審の厳格な傾向から
も、よほどの特段の事情がない限り同意の有効性を否定される可能性
は十分あるところです。

※マーケティングインフォメーションコミュニティ事件・東京高判平 26
　年 11 月 26 日労判 1110 号 46 頁
　　賃金体系の変更を実施して固定残業代を設けたところ、一審（横浜地
　判平成 26 年 4 月 30 日労判 1110 号 55 頁）は、このような賃金体系の変
　更について労契法 10 条の要件を満たし有効と判断し、その上で固定残

業代の有効性を肯定しました。労働者側は控訴審でこの点も主張しましたが、控訴審は特段変更の有効性について触れず、変更前後の内訳、金額から固定残業代と会社が主張する営業手当には、**従前基給、住宅手当、配偶者手当、資格手当として支払われていた部分が含まれていると推認**できるとして、明確区分性を否定しました。

図 6-8　従前の性質

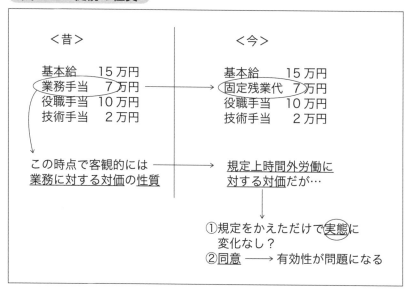

```
        ＜昔＞                          ＜今＞

   基本給    15 万円              基本給     15 万円
   業務手当   7 万円      ──→    固定残業代   7 万円
   役職手当  10 万円              役職手当   10 万円
   技術手当   2 万円              技術手当    2 万円


   この時点で客観的には ──→    規定上時間外労働に
   業務に対する対価の性質        対する対価だが…

                                ①規定をかえただけで実態に
                                  変化なし？
                                ②同意 ──→ 有効性が問題になる
```

※日本ケミカル事件は重要な間接事実を例示したに過ぎない

　日本ケミカル事件最高裁判決（最判平成 30 年 7 月 19 日・労判 1186 号 5 頁）は、固定残業代は有効と判断し、その上で、ある手当が時間外労働等に対する対価として支払われているかは、①雇用契約に係る**契約書等の記載内容**のほか、具体的な事案に応じ、②使用者の従業員に対する**説明内容**、③設定した時間数と従業員の実際の労働時間等の勤務状況との**乖離**などの事情を考慮して判断すべきとしました。

　重要なのは、第 1 に**最高裁は上記①〜③が、固定残業代の合意の存在**

を基礎付ける重要な「強い」間接事実である旨を指摘したに留まり、対価性という要件を新しく提示したものではないということです。

　第 2 に、上記最高裁の判決文の「などの事情を考慮」との判示から明らかなように①～③以外の要素を考慮することを否定するものではないということも重要です。

　そのため、要件の 1 つである固定残業代の合意の有無を検討する上では、従前の下級審裁判例が指摘した事実の有無も十分に検討することが不可欠です。

従前の下級審裁判例が考慮していた間接事実

・**時間外労働時間数を調査の上、固定残業代の金額を決定したか**（関西ソニー販売事件・大阪地判昭和 63 年 10 月 26 日労判 530 号 40 頁）

・**時間外労働等に従事した者にだけ支払われているか**（アクティリンク事件・東京地判平成 24 年 8 月 28 日労判 1058 号 5 頁）

・時間外労働の有無にかかわらず支給していないか（北港観光バス〔賃金減額〕事件・大阪地判平成 25 年 4 月 19 日労判 1076 号 37 頁）

・**営業成績や年齢等の時間外以外の要素と金額が連動していないか**（ワークフロンティア事件・東京地判平成 24 年 9 月 4 日労判 1063 号 65 頁）

・**手当の名称（規程上の位置づけ）が時間外労働の対価であることを示しているか**（医療法人大寿会〔割増賃金〕事件・大阪地判平成 22 年 7 月 15 日労判 1023 号 73 頁）、スタジオツインク事件・東京地判平成 23 年 10 月 25 日労判 1041 号 62 頁）

・時間外労働の対価の性質を有しない**手当を固定残業代に変更したものか**（マーケティングインフォメーションコミュニティ事件・東京高判平成 26 年 11 月 26 日労判 1110 号 46 頁）
　→理論上は性質の変更について同意（労契法 9 条）が適正になさ

> れていれば、合意の成立は否定されないがハードルが厳しいこ
> とから、実際上困難
> →「筋」を見られている。

※※乖離の程度がどの程度で否定されるのか？

　日本ケミカル事件が指摘した乖離の状況がどの程度で否定する方向に
働くか、乖離が著しい場合にはこの事情のみで無効になるのかについ
て、**最高裁は水準を明示しておらず**、今後の裁判例の集積を待つしかあ
りません。

　近時では、サン・サービス事件（名古屋高判令和 2 年 2 月 27 日労判
1224 号 43 頁）では一審の認定によれば契約締結時に基本給 20 万、職務
手当 13 万で同 13 万が固定残業とされる契約を認定したにもかかわら
ず、職務手当を固定残業代とした場合には相当する時間が月 80 時間で
あるとし、その上で実際の時間外労働時間数が毎月 120 時間程度であっ
た事実を、上記の最高裁を引用し、合意の成立を否定する事情として用
いて合意の成立を否定しており一定の参考になります。

　他方、木の花ホームほか 1 社事件（宇都宮地判令和 2 年 2 月 19 日労
判 1225 号 57 頁）では、月額 58 万 3,333 円（基本給 30 万、職務手当 28
万 3,333 円）の給与体系で、職務手当の固定残業代制の有効性が争点に
なったところ、日本ケミカル事件を引用し、約 50 時間の乖離を認定し
ながら、合意の成立の点では問題ないと評価しており、この点からも裁
判所においても、**現時点ではこの点の判断は「手探りの状態」**であるこ
とが伺えます（なお、同事件では固定残業代が 131 時間 14 分相当であっ
たことから、公序良俗の点から無効と判断しています）。

(イ)　合意の有効性

　固定残業代の合意が成立しても、組み込む時間の長さ、労働市場法
の点から問題がある場合は、民法 90 条等を根拠に固定残業代の合意
は無効になります。

　前者は、いずれの最高裁も触れていませんが、下級審裁判例上、固定残業代が組み込む時間の長さの点から、公序良俗（民法 90 条）の問題があるとして無効となることがあります。この点の判断基準を示した最高裁は現時点ではなく、下記の下級審の水準を踏まえて対応するほかありません。

　ただし、留意すべきは有効、無効はこの時間数のみではなく、**差額精算の実施の状況、明確区分性の程度などの他の事情にも大きく影響を受けるものであり、時間数は一要素に過ぎない**ということです。

　例えば、コロワイド MD（旧コロワイド東日本）社事件（東京高判平成 28 年 1 月 27 日労判 1171 号 76 頁[16]）では、70 時間の固定残業代制を有効と判断しましたが、同事案では合意の成立に係る他の事情（清算の合意・実態あり）や、明確区分性の点において問題なく、他の要素との総合判断の中で、70 時間を有効と判断したにとどまり、この判決をもって 70 時間であれば否定されないと評価するのは誤りです。

---

[16]　なお、上告棄却・上告受理申立不受理（最決平成 28 年 7 月 12 日労経速 2296 号 9 頁）。

下級審の傾向

100 時間以上	時間数だけで無効（マンボー事件・東京地判平成 29 年 10 月 11 日労経速 2332 号 30 頁等） →他の要素で救済されない
80 時間～100 時間	総合判断（イクヌーザ事件・東京高判平成 30 年 10 月 4 日労判 1190 号 5 頁（80 時間）、結婚式場 A 事件・東京高判平成 31 年 3 月 28 日労判 1204 号 31 頁（87 時間）、穂波事件・岐阜地判平成 27 年 10 月 22 日労判 1127 号 29 頁（83 時間）、サン・サービス事件・津地裁伊勢支判令和元年 6 月 20 日労判 1224 号 51 頁（86 時間））
60 時間 ～80 時間	総合判断（コロワイド MD（旧コロワイド東日本）社事件）
45 時間 ～60 時間	総合判断
45 時間以下	この点からは否定されない

※　清算意思の欠如は固定残業代の合意の存在を否定する「強い」間接事実になる

　　国際自動車事件最高裁判決以降の下級審を概観すると、**清算規定・実態の点のみをもって有効性を否定するものはなく**、あくまでも固定残業代の合意の存在または不存在を推認する 1 つの間接事実として機能するものと評価しています。

　　清算実態に関しては、清算する意思はあるが何らかの事情で未払に過ぎない場合は、有効性の点からは特段大きな問題はありません。

　　他方、そもそも労働時間の把握・管理すらしていない場合は、**清算する意思**が全くないと評価され、その場合は固定残業代の合意の存在を否定する**強い間接事実**となります。

　後者は、固定残業代の内容等に照らして劣悪な労働条件への誘導の手段として固定残業代が用いられていると評価される場合は、労働市場法との関係から無効と評価される可能性があります。

　また、労働契約成立後に、あとから固定残業代を示すような求人詐欺のような場合は固定残業代の成立の問題として扱い、労働契約成立前の段階で固定残業代に関する十分な説明や記載された書面がない事実を重視し、固定残業代の成立が認められない場合があります。

　なお、後者の点からの無効の可能性の検証においては、**時給換算が重要**であり、**基本給から固定残業代を引いた額を労働時間数**で割って1時間あたりの単価を計算した場合に、①時間単価が最低賃金を下回る場合は、最低賃金法に違反し、当然に無効であり（最賃法 4 条 2 項参照）、他方、②最低賃金をギリギリ上回る水準の場合には公序良俗（民法 90 条）の点から無効と評価される可能性があります。

⑷　明確区分性

　明確区分性とは、従業員に支給している賃金について、①通常の労働時間の賃金にあたる部分と、②労基法 37 条の規制対象となる割増賃金にあたる部分とを判別（①・②それぞれいくらかを計算）することが可能かということです。

　重要なのは、上記の固定残業代の合意によって、②が時間外労働の対価としての性質を有することが前提であるということです。

　国際自動車事件最高裁判決は、労基法 37 条が同条に従って計算した金額の支払を義務付ける条項であると指摘したところ、上記の判別ができない場合は同条の規制対象となる割増賃金を実際に支払ったか否かをそもそも検証できなくなるため、労基法 37 条を根拠に固定残業代は無効とします。

⑸　小　括

以上の判例からは、固定残業代の有効性を検討する上では以下の点を調査すべきです。

1　固定残業代の合意
　⑴　間接事実で判断
　　・固定残業代が、**時間外労働の対価の趣旨で支払われていること**が必要
　　→①日本ケミカルの事件要素（雇用契約書の記載、説明、実際の労働時間数との乖離）に加え、②これまでの下級審の要素を検討
　　→②の中では、とりわけ、金額が何に連動しているか、従前の性質が重要
　⑵　差額支払
　　　固定残業代が実際の労働時間数で計算した残業代に不足する場合の差額支払の合意やその実施は、**要件ではない**。有効性を補強する要素にはなる。
　　　ただし、清算の意思がないことは、固定残業代の合意の存在を否定する強い間接事実になる。
　⑶　組み込む時間数
　　　固定残業代の対象となる**労働時間数が長すぎる場合**、固定残業代の合意が公序良俗（民法 90 条）を根拠に無効になる
2　明確区分性
　　通常の労働時間の賃金にあたる部分と、割増賃金にあたる部分とを**判別することができる**ことが必要（明確区分性）

⑹　社内調査報告書

書式 6-5　社内調査報告書

甲社の固定残業代制の有効性

第1　事実認定
　1　導入の経緯
　2　規　　程
　3　連　　動
　4　もともとの手当の性質

第2　法的評価
　1　最高裁・下級審の傾向
　2　本件手当の問題1（合意の成立）
　3　本件手当の問題2（組み込む時間の点）
　4　小　　括

第3　是正の方向性
　1　○
　2　○

以　上

　上記⑶㋐で指摘のように「**何に連動しているか**」や、そもそもの「**導入の経緯**」が肝です。

　固定残業代の運用については、なんといっても**金額が何に連動しているかを検証する**ことが不可欠であり、時間外労働以外の他の要素（成績、貢献度等）で変動が生じている場合には合意の存在を否定する重大な要素になります。

　導入の経緯については、就業規則、当時の資料を検討の上、実際に規程の導入等に関与した社労士・従業員に、何を目的にどのような計算をして導入をしたかヒアリングを実施します。また、不利益変更を実施している場合は、手段についても検討します（労契法10条の要

件を満たすか等）。

2　対　応

　無効の原因によって以下のような対応が想定されます。なお、当然ですが別途原資を設けて固定残業代を設定する場合は不利益変更には該当せず、以下の場合は別途の原資を設けず賃金の配分を変更する場合です。

問題点	方　法
他の趣旨を含む場合	・他の趣旨を含むと評価される間接事実の解消（名称の変更、計算方法の変更等） 　→不利益変更に該当する余地あり ・金額を確定し、手当を2つに分ける
時間・金額が実態に合っていない（日本ケミカル事件の乖離論）	・実態に合わせる 　→就労しなくてももらえた以上、不利益変更の議論 　→もっとも、①賃金は労働に対する対価であり実際に就労していない時間である以上、このような利益の保護の必要性が著しく高いとまでに評価できず、②固定残業代の有効性を担保するため実態に合わせる会社側の必要性は十分あり、③清算の適切な実施によって就労した分の支給を適切に受ける以上労働者に顕著な不利益は通常想定できない

時間が長すぎる（100 時間）	・不利益変更に該当しうる 　例えば固定残業代を 100 時間で設定し、実際の時間外労働が 100 時間程度である場合に、固定分を 50 時間程度に変更する場合には、①適切に清算を実施すれば割増賃金の支払の面において顕著な不利益はなく、かつ、② 100 時間では固定残業代の有効性を担保できないことから変更の必要性はある。 　ただし、このパターンの場合は固定残業代の有効性より時間外労働時間数の点から健康の問題として捉えて労務管理をすべきであり、固定残業代の時間数を減らして、毎月清算を実施するだけでは、**リスクを抱えた状態のままであるため**、固定残業代に組み込む時間数を減らすだけではなく、実際の時間数を減らす対策を具体的に講じることが不可欠。
廃止したい	固定残業代は賃金に関するものであり、かつ、時間外労働の有無にかかわらず固定で支給を受けるという従業員にとって一定の恩恵があるもの。 　以下の点を調査し、金額や変動の幅の点から不利益の程度が大きい場合は、一度に廃止せず、段階的に廃止することが労契法 10 条の点からは望ましい 【廃止の必要性】 ・ビジネスモデルの転換や、働き方の大きな変化によって恒常的に時間外労働・休日労働が生じることがなくなった（固定残業代を支給する企業側のメリットの消滅） ・実際の時間外労働時間数と支給している固定残業代の金額の間に乖離が顕著 【従業員の不利益】 ・金額 ・時期によって残業時間数の変動が大きいか 　→大きい場合には固定で支給を受けることは、収入が安定するというメリットが大きい

第6節
1か月単位の変形労働時間制（労基法32条の2）

1 社内調査の実施

(1) 概　要

　1か月単位の変形労働時間制は、「週当たり労働時間≦40時間」という条件が1か月単位で保たれていれば、1週間40時間、1日8時間の枠を変形させることができる制度です。忙しい期間があらかじめわかっている金融機関等に適しています。

　例えば、月の前半に余裕があり、後半が忙しい場合には、月の前半を少なめに設定し、後半は1日10時間、11時間等に設定することで残業代を圧縮することが可能になります。

　要件は、①労使協定または就業規則その他これに準ずるものにおける定め、②特定の日における所定労働時間の明示（例えば、令和3年4月30日は、午前8時から午後8時まで、休憩1時間）であり、社内調査ではこの要件を充足するかを調査します。

(2) 効　果

　上記要件が認められる場合の効果は、1か月単位で決定される所定労働時間数を超えない限りは、1日8時間、週40時間を超えても時

間外労働（労基法 37 条）にはならないことです。

　他方、有効要件を満たさない場合は、この効果を享受できず、結果、労基法 32 条、同 37 条によって **1 日 8 時間、週 40 時間を超えた時間は、原則として全て時間外労働**になります[17]。

　より具体的に言えば、月単位で見れば月給制の場合に、これまで 1 か月単位の変形労働時間制が有効であることを前提に支給していなかった時間（期間）について、理論上は全て 1.25 分[18] を支給する必要があります。たとえば、ある日の所定労働時間を 17 時間と設定した場合には以下のようになります。

変形労働時間制の有効性	有　効	無　効
8 時間まで	基本給で支給済み	基本給で支給済み
9 時間（8 時〜17 時間）	×（支払義務なし）	9 時間× 1.25（or 0.25）

　上記のとおり、日単位では無効であれば、9 時間分の支給義務があるということになります。

---

[17]　ただし、変形労働時間制について一定の瑕疵が存在した場合に労働者が長年にわたり異議なく変形労働時間制で勤務していたことから、当事者間の公平・合理性を根拠に一定の場合にはこのような請求が認められないことを指摘する見解も存在する（菅野和夫ほか編『論点大系　判例労働法 2』（第一法規）167 頁）。

[18]　この点については地裁判決であるが、就業規則や労働契約における賃金支払の合意の内容を解釈し、8 時間超えの部分については 0.25 で足りるとの判断を示したものがある。

　大阪地判平成 30 年 5 月 30 日（判例秘書未掲載）においては、「被告において採用されている変形労働時間制は無効であるから、法定労働時間外の労務の提供と評価される部分については、就業規則や労働契約における賃金支払の合意の内容の解釈によって割増賃金の支払の要否を判断することとなる。」と判示した上で、法定労働時間を超える部分については、通常の労働時間の賃金の 0.25 倍を支払えば足りるとした。

2　要件（無効原因）

　無効になる主要な点は以下の 3 点ですので、社内調査においても、以下の点を重点的に調査する必要があります。

(1)　就業規則と実際のシフトパターンのズレ

　変形期間における各日・各週の労働時間は、条文上、原則として労使協定や就業規則等に具体的に特定して定めることが必要です（労基法 32 条の 2 第 1 項）。換言すれば、労基法は、**就業規則等で労働日、労働時間等を特定**することを求めているということです。

　そのため、就業規則以外の、勤務表等で特定する場合には、**就業規則に依拠して特定**されたことが必要と解されます[19]。

　したがって、就業規則に記載のない勤務パターン（始業時刻、終業時刻、労働時間数）を使用すると、**就業規則に依拠していないことになり、この点から無効**となります。

　例えば、就業規則に A パターン（始業時刻 8 時、終業時刻 18 時、休憩 1 時間）、B パターン（始業時刻 18 時、終業時刻 24 時）、C パターン（始業時刻 8 時、終業時刻翌日 8 時、休憩 1 時間、仮眠時間〇時間）を記載し、実際には、D パターン（始業時刻 9 時、終業時刻 19 時、休憩 1 時間）という上記就業規則記載の A〜C のどれにも該当しないパターンを使用しているような場合です。

　実際の訴訟では、①齟齬の程度（始業時刻だけか、何時間異なるか等）、②齟齬が恒常的か一時的か、③始業・終業時刻の繰上げ・繰下げ条項で説明できないか等も、上記の「就業規則に依拠して特定され

---

[19]　昭和 63 年 3 月 14 日基発 150 号および最判平成 14 年 2 月 28 日民集 56 巻 2 号 361 頁・労判 822 号 5 頁〔大星ビル管理事件〕参照。

た」かの評価において争点になります。

※学校法人関西学園事件・岡山地判平成23年1月21日労判1025号
　47頁
　　就業規則に「寮監の勤務時間については、変形労働時間制とし、個別
　に定める」と規定されているのみで、**勤務パターンおよび各日の始業時
　刻や終業時刻の定め等が全くない事案**で、変形労働時間制を無効と判断
　しました。

(2)　総枠規制の違反

　労基法32条の2第1項の条文上は、「労働時間を**超えない定めをし
たとき**」と規定していることから、1か月単位の変形期間における**所
定労働時間の合計**を、変形期間における法定労働時間の総枠の範囲内
とすることが必要であり（以下「総枠規制」）、これを超える所定労
働時間数の**決定**（シフトの確定等）をした場合には、無効になりま
す。

　例えば、週法定労働時間が40時間の場合で、変形期間が1か月の
場合の総枠は、31日の月は177.1時間（31日×40時間÷7）、30日
の月は171.4時間、29日の月は165.7時間となり、これを遵守して1
か月単位の所定労働時間数を**決定**する必要があります。

　ここで重要なのは1か月単位の変形労働時間制でも、時間外労働命
令（労基法37条）は当然に可能ですので、決定、換言すればシフト
等の**確定「後」**に時間外労働命令を出して、**結果として**、1か月ベー
スの総労働時間が総枠を超えることは有効性を否定する事情にはなら
ないということです。

　この点に関しては、実務上、上記指摘のように時間外労働命令が可
能であることから、所定労働時間数においては上記の総枠規制を遵守
し、他方で、**シフト確定時に時間外労働命令を事前に出しておく**1か

月単位の変形労働時間制が有効かということが問題になります。

図6-9　総枠規制

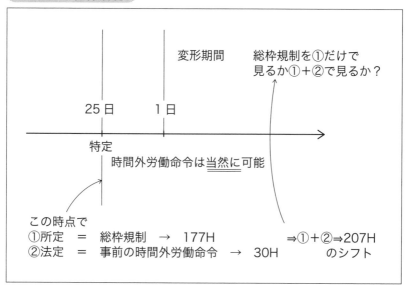

この点に関しては、①上記労基法32条の2第1項は、所定労働時間に関する規制であるところ、シフト等において**所定労働時間数と事前の時間外労働命令の時間数が明確に区分**（どの日、どの時間帯か）できれば上記の規制の趣旨（所定労働時間を総枠に抑える）との関係で問題ないこと、②1か月単位の変形労働時間制の系譜、すなわち、1か月単位の変形労働時間制の前身である4週単位の変形労働時間制は労基法の制定当時から存在し、昭和62年以降に制定された他の3つの変形労働時間制とはいわば生まれが異なり、例外的な規定ではなく労基法制定当時から存在する原則的な規定であるから、**他の変形労働時間制に比して要件を緩やかに解釈すべき**であること、かつ③変形労働時間制が、時間短縮が主眼であると述べた昭和63年1月1日基発1号が存在するものの、4週単位の変形労働時間制は、上記のよう

に立法当時から存在しながら、同条がそのような趣旨の条文であることを示す当時の資料は不見当であり、同通達が立法者意思と合致するかは疑念の余地があること等から、**シフト等において所定労働時間と、事前の時間外労働命令の時間が明確に区分**されていれば、有効との解釈もありうるところです。

　しかし、この点については、無効であると明確に指摘する下級審裁判例が複数あり[20]、かつ労働事件に関与する多数の裁判官が執筆した『類型別労働関係訴訟の実務（改訂版）Ⅰ』（青林書院）215頁にも、無効である旨が明確に指摘されていることを勘案すれば、訴訟では上記の理論構成で主張はしつつも、労務管理上は可及的に変更を実施することが実務的な対応と言えます。

⑶　手続きの違反

　周知の時期・方法等の就業規則に記載された手続きを履践する必要があります。

　ただし、手続きの違反によって直ちにそれだけで無効となるかは議論の余地があるものと思われ、違反の期間（一時的か、恒常的か）、違反した手続きの重要性、違反の程度等が考慮要素になると思われます。手続きの重要性の程度については、1か月単位の変形労働時間制が労基法32条の例外として位置し、労働時間が不規則になることに関する規制を設けた上で許容していることから、どの程度従業員の生活を不規則にしたかが1つのポイントになり、周知時期の遅れ等はこれが大きく（例えば、25日に周知と規定されながら30日に周知）、他方、周知方法の変更についてはかかる変更による労働者の生活への

---

[20]　例えば合同タクシー割増賃金請求事件（福岡地裁小倉支判昭和42年3月23日労民集18巻2号210頁）、東京地判平成22年10月29日（ウェストロージャパン）、東京地判平成28年1月3日（ウェストロージャパン）。

影響が通常想定できない以上、影響は小さいと評価するのが相当です。

⑷　社内調査報告書

上記の項目ごとに、例えば以下のように記載します。

書式 6-6　社内調査報告書

甲社の 1 か月単位の変更労働時間制の有効性

第 1　前提となる事実
　1　導入している事業所・雇用形態
　2　導入の経緯
　3　規程の内容

第 2　論　　点
　1　就業規則とシフトの関係
　2　総枠規制
　3　手続きの遵守

第 3　法的評価

第 4　是正の方向性

以　上

3 対 応

(1) ズレの問題

❷(1)の問題については、速やかに現在実際に使用している勤務パターンを**就業規則の付表等に記載**し、勤務パターンが就業規則に依拠している実態を作ることが重要です。

なお、付表に記載後に実際に使用する勤務パターンが新たに増えた等の場合には、付表の記載の変更をする必要がありますので、運用には注意すべきです。

付表の記載の仕方は、本社で一括管理している場合は、①各事業所ごとに勤務パターンを記載する方法と、②想定しうるパターンを網羅的に記載するパターンが想定できます。この点についての裁判例は現時点では不見当ですが、後者は簡便に過ぎ脱法との評価を受ける可能性を否定できないことから、前者が望ましいと言えます。

(2) 総枠規制

次に、総枠規制に関しては、以下①〜④のような対応があります。

		メリット	デメリット
①	1 か月単位の変形労働時間制の廃止（1日8時間1週40時間に戻す）	未払なし	人件費の増加
②	時間数を総枠に抑える（人を増やす、仕事を減らす等）	未払なし	顧客や従業員数との関係から実施が困難な場合が多い
③	事前の時間外労働命令の構成	訴訟で有効性を主張しうる	有効性に一定の疑義
④	何もしない		未払あり

　法的有効性の点からは、上記①・②が望ましいですが、①に関しては廃止することは主として人件費の点から問題が大きく、②に関しては、採用の点、顧客との関係からは困難な場合が多いと思われます。

　そのような場合には、上記指摘のように否定する下級審裁判例等が存在すること等から、③は万全ではありませんが、④よりは適切な対応と言えます。訴訟において上記のような主張が可能であり、和解を一定程度有利にできますし、従業員に対して一定の限度で有効との説明が可能だからです。

第7章

情報窃盗

　本章では、企業の重要な無形財産である情報が不正に持ちされた等の場合の社内調査のポイント、実務対応論について解説します。

　重要なのは早期の対応であり、(簡易な) 社内調査を速やかに開始・終了させ、対応方針を決定し、速やかに対応に移すことです。社内の意思決定の遅れ等で、結局企業の情報が不正に使用、拡散されることがあってはなりません。

第1節

全 体 像

　情報窃盗とは、企業の保有する情報を従業員が外部に持ち出すことです。典型的には、従業員が退職直前に業務上使用していた各種データ、会社資料、レジュメ、雛形等を USB メモリ等にコピーし、退職後に他社での就労の際に不正に使用するようなパターンです。

　このような情報窃盗によって企業は**競争力や優位性を失うばかり**か、盗取された情報に個人情報（個人情報保護法 2 条 1 項）や機密情報が含まれている場合には、**レピュテーションリスクや、当該顧客からの訴訟、監督官庁からの処分等も想定**され、その影響は甚大です。

　このような事案の対応のポイントは以下の 3 つです。

> ・可能な限り**初動対応で情報が記録された媒体を全て回収**する。
> ・早急に当事者、関係企業に通知等をし、情報の不正使用や拡散**の動きを止める**
> ・任意の回収が期待できない場合には、早期に仮処分を申し立て**て、裁判所を巻き込んで**の解決を目指す

　なお、対応に失敗した場合には経営問題に直結すること、早急な対応が不可欠であること、法的な裏付けをもって対応を実施したほうが持ち出した従業員が応じる可能性が高まること等から、一般的には調査の初期から外部の専門家に相談することが望ましい類型の不祥事と言えます。

　最も重視すべきことは、固い証拠を揃えて犯人を処罰することではなく、**情報の不正使用や拡散を最小限に抑えること**ですので、一定の**事案が把握できた段階で速やかに流出の停止の措置を講じること**で

す。具体的には PC や電子記録媒体の回収、関係者に対する通知等です。

　情報の重要性の点からは、発覚した段階で関与が疑われる対象者と早期に自宅等の記録媒体が保管されている可能性が高い場所付近で面談を実施し、その上で同意を得て盗取された情報が保管されている可能性の高い私用 PC や記録媒体を速やかに回収することが重要です。この際には、後のトラブル回避のために以下のような同意書を取得することが適切です。

　なお、そもそも同意しない場合は交渉しても前進しないことが通常想定されますので、後述のように速やかに仮処分を申し立てるほかありません。

書式 7-1　同意書

○○○○株式会社
人事部長　殿

同　意　書

令和○年○月○日
氏名○○○○

　私は、今般貴社から指摘を受けた貴社職場内の私の問題行為等を調査（以下「本件調査」）する目的で貴社（貴社が指定する業者を含む、以下同じ）が下記の事項を行うことに本書面をもって同意します。

記

1　私が貴社から貸与を受けていた PC（○社製、製品名○○）、私が所有する PC（○○社製、製品名○○）および USB メモリ 2 本（○○社製、製品名○○）（以下併せて「本件電子機器」）を、本件調査のために貴社に返還および任意提出すること
2　本件電子機器について貴社が操作を行うこと
3　本件電子機器について貴社がデジタル・フォレンジックを行うこと
4　本件電子機器の内部に保管されている電子メール、文書データ、その他一切のデータ（前項で復元等したものを含む）を閲覧、複製物を作成すること
5　本件電子機器以外で、貴社が本件調査のために必要と判断し、提出を要請したものについて任意に提出等に応じること

以　上

書式 7-2　論点整理

論点整理

第1　初動対応
　1　本人の呼び出し
　　→証拠が完全に固まるのを待たない
　2　パソコンや USB メモリ等の記録媒体等の回収
　　→動きを止める
　3　転職している場合には転職先に連絡
　　→ただし、**自暴自棄になって返還に応じないケースや拡散するケース
　　もあるので本人のキャラクターを見極めることが重要**

第2　社内調査
　1　回収したもののデジタル・フォレンジック
　2　ヒアリング

第3　対　　応
　1　本　　人
　　・誓約書の取得等
　　・警告書の送付
　　・仮処分、訴訟
　　・刑事告訴
　2　関 係 者
　　・面　　談
　　・警告書の送付等
　3　関係企業
　　・面　　談
　　・警告書の送付
　4　監督官庁対応
　　→個人情報や顧客情報などを含む場合
　　・金融庁
　　・証券取引所
　　・個人情報保護委員会
　5　監督者（懲戒処分等）
　6　再発防止策

以　上

第 2 節

社内調査の実施

1　物の調査

　退職者の PC のログ、モニタリング、内部通報等が発覚の端緒となることが多いところ、まずは、早期に（簡易な）社内調査を実施し、以下の点を事実認定します。

・持ち出された情報の範囲と内容
　　→顧客情報、研究情報
　　→範囲の確定が重要
・持ち出された日時
・持ち出した行為者
・持ち出しの態様等
　　→ USB メモリ、ハードディスク、メール、紙媒体、外部共有
　　　ファイル
・既に外部で使用されている可能性
　　→転職先は競業か

　印刷した上での持ち出し、私物の USB メモリ・ハードディスクでの持ち出し、個人アドレスへの送付等手口はさまざまですが、現在では企業の業務のほとんどが PC を使って行われ、必要なさまざまな文書の作成、共有、保存は電子データの形で行われています。

　そのため、一般的には、PC の使用・通信履歴やメールの送受信履歴に記録が残っていることが多いので、まずは早期に使用していた（情報にアクセスしていた可能性の高い）PC 等を調査します。

　履歴が削除されている場合には、デジタル・フォレンジック業者に依頼し、削除データの調査・復元を依頼します。高額になることが多いですが、データが流失した場合に被るダメージや巧妙に消されている可能性等を勘案すれば、必ず業者に依頼して実施すべき作業です。

　外部の共有ファイル（Google ドライブ等）を使用している場合は、サーバーから移転されたデータのログをベースに本人から外部共有ファイルを利用して、どこに盗取した情報を保管したかを確定します。

　また、秘密情報のある場所（サーバー等）へのアクセス履歴も必ず確認します。

2　ヒアリングの実施

　ヒアリングは、上司、同僚等に実施し、対象となる情報について対象者が私物の USB メモリに入れていた、また情報について転職先に持っていくことを話していた等の場合には、当該供述について仮処分を早期に申し立てることができるように、陳述書にまとめます。

　仮処分を見越して、当該情報が不正競争防止法の営業秘密（2 条 6 項）の要件を満たすかに関して、主として管理の方法を確認します。

　当該ヒアリングの結果、対象者の転職先が競業先であった場合や、引き抜き行為等も行っていた場合には、情報の不正利用の可能性が高まりますので、その点も調査します。

3　仮処分の準備を

　ポイントは、任意の返還請求に応じなかった場合に備えて早期に仮処分を申し立てることができるように、ヒアリング等を進めながら**同時進行で仮処分の申立ての準備**（申立書のドラフト、陳述書の作成、疎明資料の準備等）をすることです。

第3節

対 応

1 対本人

(1) 情報記録・媒体の回収

　上記第2節を踏まえて、対象者が情報を持ち出したことが判明した場合には、電話および書面での通知等の任意の回収と並行して、応じなかった場合を想定し、早期に仮処分を申し立てます。

　司法判断に委ねることの主眼は使用を止めることにあるので、訴訟よりも仮処分が基本です。使用禁止の決定が出ればもちろんですが、**申立書の送達によって裁判所が絡むことで**、**通常は情報の拡散の防止が一定程度、期待**できるからです。

　任意の回収に応じた場合には、回収時に以下のような誓約書を取得します。

書式 7-3　誓約書

○○株式会社
人事部長　殿

誓　約　書

令和○年○月○日
氏　名

1　私は、少なくとも令和〇年〇月〇日、同月〇日において、私の新しい就労先である〇〇株式会社での業務に使用する等の目的で、貴社サーバー内のフォルダに保存されていた貴社の顧客の個人情報等が記載された別紙記載のファイル4,000個（以下「本件ファイル」）を、使用が禁止され、かつ禁止であることが周知されていた外部共有ファイルである〇〇ドライブ等を利用して、本件ファイルを私の所有のパソコン等の電子媒体に移動した事実（以下「本件」）を認めます。

2　私は、本件ファイル以外の貴社所有の情報を前項の方法または類似の方法によって取得したことが1度もないことを誓約します。

3　私は、1項を除いて本件ファイル内の情報について複製および類似行為をした事実が一度もないことを誓約します。

4　私は、本件ファイル内に顧客の個人情報等が含まれていること等から、本件の調査のために貴社の調査に真摯に応じることを誓約します。

以　上

※別紙で盗取されたファイル、ファイル内の情報を特定します。

(2)　仮処分の申立

㋐　どの構成でいくか？

　仮処分は、通常は秘密保持義務違反、不正競争防止法違反のいずれかの構成で行います。

	主要な要件	措　置	ポイント
秘密保持義務	・合意の存在（一定の合理性） ・合意違反	・差止請求 ・損害賠償請求	・持ち出し行為の立証
不正競争防止法	・営業秘密該当性（2条6項） ・不正競争行為（2条1項4号から10号）	・差止請求（3条1項） ・損害賠償請求（4条） ・刑事罰（21条）	・営業秘密該当性は要件が厳しい ・侵害行為の立証

(イ)　秘密保持契約

　秘密保持義務の場合には、秘密保持義務に対応する債権を被保全債権とする差止請求の仮処分申立てをします。この場合には、以下を確認します。なお、仮処分の決定の関係で、申立書の別紙に持ち出された情報を相当程度特定する必要がありますので、社内調査時に可能な限り詳細に認定します。

　1　取得された情報の具体的な内容
　　→申立書の別紙で特定する（決定、判決、執行のために具体的に記載する必要があり）
　2　（退職後の）秘密保持義務の根拠
　　→入社時、異動時、退職時、誓約書か就業規則か
　3　秘密保持の対象となる情報について定義や例示があるか
　　→ないと退職者の行動を過度に広範に制限するものとして無効と評価される可能性がある（東京地判平成20年11月26日判時2040号126頁）
　4　証拠から持ち出した事実が認定できるか

　一番問題になるのは持ち出し行為の立証です。

　PC のログ等から持ち出し行為が明らかな場合は問題ありませんが、直接的な証拠がない場合は、第 1 章第 3 節で指摘した間接事実から推認の手法を使うほかありません。

　例えば、陳述書などから以下の事実を立証し、持ち出し行為を立証します。

> ・当該情報を知りうる者の範囲の確定
> ・対象者の言動
> ・退職前後の行動の変化

　また、秘密保持義務は法的には不正競争防止法上の営業機密と同義ではなく、これより広範であるはずですが、裁判官によっては、これに**準じた状況が必要**との考えを持っていますので、留意すべきです。換言すれば、単に秘密保持義務の誓約書を締結しているわけではなく、一定の管理の実態等が必要ということです。

※関東工業事件・東京地判平成 24 年 3 月 13 日労経速 2144 号 23 頁

　同業他社に転職した営業マン 4 名に対して、廃材リサイクル会社が就業規則や誓約書の機密保持義務、競業避止義務違反を理由に損害賠償を請求した事案です。

　東京地裁は、会社が主張する「廃プラスチックの仕入先の情報」を**業務上の秘密**というためには、**その内容が客観的に定められ、明確に管理されていること**が必要と解し、当該情報は①「秘」の印が押されたりして管理されているわけでなく、②当該情報にアクセスすることができる者が限定されているわけではないことから、秘密として管理されていないとして、就業規則および機密保持契約で保護すべき秘密情報には該当しないとして会社の請求を認めませんでした。

(ウ)　不正競争防止法

　他方、不正競争防止法の場合には、同法 3 条 1 項の差止め請求権を

被保全債権とします。

不正競争防止法は、情報持ち出し等による営業秘密侵害行為（同法2条1項4号～9号）について、差止め（同法3条）、損害賠償（同法4条）、信用回復措置（同法14条）を定めています。

このうち、仮処分で通常使用する差止請求をするには、以下の要件が必要です。

1　事業主が保有する技術上または営業上の情報が営業秘密に当たること（2条6項）
2　営業秘密侵害行為をしたこと（同2条1項4号から9号）
3　営業上の利益の侵害または侵害のおそれがあること（同3条）

上記1の営業秘密は、**秘密として管理**されている生産方法、販売方法その他の事業活動に**有用**な技術上または営業上の情報であって、**公然と知られていないもの**（同法2条6項）と定義されています。

そのため、秘密管理性、有用性および非公知性が要件とされています。

○不正競争防止法2条6項の要件

秘密管理性	秘密として管理されている
有用性	財やサービスの生産、販売、研究開発等に役立つなど、**事業活動にとって有用**であること →反社会的な情報ではない限り通常は問題にならない
非公知性	当該情報が刊行物に記載されていてない、学会で発表されていない等、保有者の管理下以外では**一般的に入手することができない**状態にあること

上記のうち重要であり、訴訟等で通常主要な争点になるのは、秘密管理性であり、会社が**主観的**にその情報を秘密にしたという意思

を有しているだけでは足りず、その情報が**客観的**に秘密として管理されていると認められる状態にあることが必要です。

　この判断においては、①当該情報に**アクセスできる者が限定**されているか（アクセス制限）、②当該情報にアクセスした者に**当該情報が営業秘密であることが認識できる**こと（客観的認識可能性）の2つが考慮要素になります。

　①に関しては、対象となる情報へのアクセスについて物理的・技術的・人的な制限の有無がポイントになります。

　②については、当該情報が含まれる媒体に秘密である旨の表示をしたり、規則やガイドライン等に当該情報が秘密であることを明記して、当該情報が営業秘密であることをアクセス者に認識できる体制の有無・内容が問題になります。ただし、対象となる情報の内容に応じて求められる程度が異なることには留意が必要です。

　具体的には、当該情報が企業活動において社会通念上、極めて重要なもので営業秘密として保護する必要性が高いと通常想定しうるものであれば、そのこと自体で営業秘密であることの認識可能性が高く、上記②の講じた措置の程度が低くても肯定される可能性があります。

　なお、営業秘密管理のあり方については、経済産業省が平成15年1月に策定・公表した「営業秘密管理指針」（最終改訂平成31年1月23日）の内容が参考になります。指針ですので法的拘束力はありませんが、同指針の遵守は裁判所の判断には事実上の影響を与えるものと思われます。

○営業秘密侵害行為

　不正取得行為（不正競争防止法2条1項4号～10号）についてアクセス履歴や防犯カメラなどの直接証拠があれば問題ありませんが、ない場合は第1章で指摘した間接事実による立証が必要になります。この際、被告による営業秘密の**使用**行為を立証すれば、例外

的な事情のない場合、それが不正**取得**行為を推認させる有意な間接
事実になります。

(エ)　和解をするなら

　仮処分等で裁判上の和解をする場合には、以下の点に留意すべきで
す。

書式 7-4　和解条項案

和解条項案

　1　持ち出し等の違反行為に係る事実関係を認める条項
　2　データを消去したことおよび複製物がないことを誓約する条項
　3　今後の調査に協力する条項
　4　秘密保持条項
　5　転職先での使用等に係る条項
　6　違反した場合の賠償条項
　7　清算条項

以　上

　1は別紙で持ち出した情報を特定し、再度の違反の場合に容易に仮
処分、刑事告訴が可能なように記載します。

　6は実際の訴訟では、損害の発生の立証が困難であることから記載
します。実際には、裁判上で和解をする場合は、この金額について従
業員の行動等を不当に制約し、公序良俗に違反するものではないかも
検討されます。

　7は今回違反した義務（持ち出し）以外の義務を就業規則、誓約書
等で退職後も負っている場合はこの点を除いた清算条項を入れます。
例えば、「甲および乙は、乙が甲退職後も甲に対して負っている義務
及び本合意書記載の義務を除き、甲乙間に何らの債権債務がないこと
を相互に確認する」等です。

(3)　労働契約の解消

　在職者の場合には、認定できる情報持ち出し行為の態様、情報の重要性等によっては速やかに懲戒解雇を行います。

　ただし、この場合、最も重視すべきなのは情報の拡散防止ですので、この点から時期は慎重に決定します。早期に懲戒解雇を実施した場合には、当該対象者による実態解明や記録媒体の回収および拡散防止に関する協力が通常期待できなくなります。

　何らかの事情で労働契約を解消しないとの判断をした場合には、①持ち出した情報の性質（個人情報や秘匿性の高い情報を含むか）、②動機（**他社に転職のため**、自分の勉強等）、③持ち出しの態様等に応じ、懲戒処分を実施するほか、**今後、重要な情報にアクセスすることを避けるような人事異動は必須**です。これを講じず、同様の事態が生じた場合は、内部的な問題にとどまらず、会社が他社から訴訟等で責任を負う可能性が高まります。

　なお、上記の②の認定については、転職の内定の時期と情報取得の時期の近接性や、自身の業務以外の情報を一般的に抜いているか、転職先での業務と取得した情報の類似性から認定します。よく「自分の勉強のため」「自分のキャリアの記録のため」に取得したとの弁解が出ますが、その場合には仮にその目的であった場合には、自身のデータしか取得しないはずですので、自身以外のデータの取得の有無を調査してこの弁解を排斥します。

　このような懲戒処分で問題になるのは、調査の過程で**他の従業員にも持ち出しまたは不適正な利用・保管行為等があったような場合**です。

　少数であれば悪性に応じて全て懲戒処分を実施し、他方で相当数に上る場合は公平性の点を考慮しつつも、懲戒処分をせず今後は懲戒処分をすることを周知する等にとどめる判断も検討に値します。

　また、管理が杜撰であった事実は、秘密管理性（不正競争防止法 2

条）には一定の影響を及ぼし得ますが、他方でこのことによって情報取得行為の正当性を何ら基礎付けるものではないので、普通解雇等の有効性の点においては過度に重視すべき事情ではありません。

⑷　刑事処分

持ち出し行為の悪性が高い場合には、不正競争防止法違反等を理由に速やかに被害届を提出します[1]。

2　関係者に対する通知等

持ち出した従業員が転職している場合には、情報の不正使用を防ぐため、転職先に速やかに書面と電話等で通知をします。これによって、事実上、抑止の効果が期待できるほか、通知後の使用を不正競争防止法の悪意・重過失（2条1項9号）による使用に該当させ、また転職先と退職者による共同不法行為（民法719条）と主張することが容易になります。

3　監督責任

不正な情報の持ち出しを認識しながら放置していた等の場合の上司や、情報管理体制に不備があるとの指摘を受けながら是正しなかった総務担当者等に関しては、懲戒処分の実施を検討します。

---

[1]　平成27年の不正競争防止法の改正によって、被害者の告訴がなくても公訴の提起が可能な非申告罪となった（21条5項）。

第 4 節

制度の見直し

1 非常時に不正競争防止法を使用できる状態に

　不正競争防止法が使用できると、情報の使用の差止めが可能になる（同法 5 条）、技術に関する情報の場合は損害の立証が容易である（同法 5 条）、一部悪性の高い行為については刑事罰の対象になる（同法 21 条）等、会社側にとって相当のメリットがあります。

　そのため、①会社の扱っている情報の中から重要情報を洗い出し、②同情報について営業秘密該当性（同法 2 条 6 項）の要件（特に秘密管理性）を満たすように制度を構築することが重要です。

　この点に関しては経済産業省の営業管理指針を参照にし、企業規模も検討します。

2 予防論

(1) 誓約書の取得およびガイドラインの制定

(ア) 誓約書

　秘密の開示を会社が禁止していることについて従業員に認識させる

ことで、事実上の抑止効果が期待できますので、誓約書の取得は不可欠です。入社時に限らず異動時、退職時にも取得します。

　誓約書の取得の際のポイントは、規制の対象である**情報の内容が広範または抽象的だと訴訟では無効と評価**される余地がありますので、具体的に記載をすることです。この点、入社時はやや抽象的な記載にならざるをえませんが、退職時においては、どのような情報に業務上接し、そのうちどの情報が秘密保持の対象になるかを明示します。また、これによって、仮処分や訴訟等において義務違反の立証が容易になりますし、該当性に関する従業員側の主張（持ち出した情報が秘密保持義務の規制の対象だと知らなかった等）を封じることが可能になります。

※ダンス・ミュージック・レコード事件・東京地判平成 20 年 11 月 26 日判タ 1293 号 285 頁

　レコード、CD 等のインターネット通信販売業務を営む会社が、当該会社の元従業員である被告が原告を退社後に競業会社に就職し、原告在職中に得た商品の仕入れ先情報を利用して業務を行っているとして、秘密保持に関する合意に違反するとして、損害賠償を求めました。

　「私は、貴社を退社後も、機密情報を自ら使用せず、また、他に開示しません」との条項であったところ、東京地裁は「秘密保持の対象となる本件機密事項等についての**具体的な定義はなく、その例示すら挙げられておらず、…本件機密事項に当たるのかは不明**といわざるを得ない」として秘密保持義務自体を否定しました。

(イ)　ガイドライン

　自社のガイドラインを検討する際に近時において重要な視点は、**テレワークに対応しているか**という視点です。

　コロナ禍前の営業機密に関するガイドラインは企業の**オフィスでの就労を前提に作成**されており、秘密情報を記録した媒体の社外への持

ち出しが禁止されるのが通常でした。

　しかし、そのようなガイドラインを何ら改訂しないままテレワークを導入した場合、テレワークの実施によって自動的に上記のガイドライン違反の実態が多数の従業員において生じ、その結果、訴訟等において、秘密として管理されるべき情報の範囲が明確ではない、または（当然に日々テレワークで持ち出しているのだから）従業員の秘密保持の対象であることの予見可能性が十分に確保されていないと評価され、当該情報の秘密管理性が否定される可能性あります[2]。部長等の権限者が日常的に持ち出していれば、部下としても秘密とは認識しえなくなることは否定できません。

　不正競争防止法の営業機密該当性の担保の点から、場合によっては、秘密性が高い情報については物理的な持ち出しはもちろん、自宅等のテレワーク環境からのアクセスを一律に禁止する措置を講ずることも検討に値します。

　なお、この点から留意すべきは、テレワークの環境だと PC 上の情報をスマホ等で撮影すること自体を防ぐことが事実上困難だということです。

⑵　情報を持ち出せない体制の構築

　上記⑴の他に**ハード面**でも、外部機器の接続禁止、重要情報の印刷禁止、メールでの重要情報の添付の禁止、外部共有ファイルの接続禁止等の技術的な措置を講じることが重要です。

---

[2]　経済産業省知的財産政策室令和 2 年 5 月 7 日付「テレワーク時における秘密情報管理のポイント（Q & A 解説）」Q1

⑶　監　視

　定期的なモニタリングの実施が、予防および早期の発見の点からは不可欠です。

　この点、会社が貸与した電子機器についてモニタリングの規定がない事案において、会社がモニタリングを実施したことが従業員のプライバシーを侵害したものとして、一定の場合には慰謝料等を認める余地を示した裁判例[3]が存在しますので、情報窃盗の発生自体および無用な紛争の予防の点から就業規則には必ずモニタリングの規定を入れて、周知すべきです。

⑷　研　修

　法律の説明はもちろんですが、それにとどまらず情報窃盗が企業の存続に関わる問題であることから、仮処分、刑事告訴等の対応をとること、また、転職先への通知で本採用拒否等で職を失う可能性が高いこと、まともな会社ほど盗取された情報は絶対に歓迎しない等の倫理ではなく法的な面からの**サンクションを具体的に説明し**、情報窃盗が発覚する可能性および発覚した場合のサンクションの大きさから割に合わない行為であることを十分に理解させることも重要です。

---

[3]　例えばＦ社Ｚ事業部（電子メール）事件・東京地判平成 13 年 12 月 3 日労判 826 号 76 頁

第 5 節

その余の問題

1　競業避止義務の活用

　社内調査の結果、情報の持ち出し行為が認定できない場合でも、競業避止義務に違反している場合には、**情報の不正使用の可能性が高い**ことから、競業行為差止め請求権を被保全債権として仮処分をすることがあります。

　上記の秘密保持義務との関係で言えば、競業避止義務および後述の引き抜きの禁止義務は、秘密保持義務を遵守させるため、換言すれば**秘密保持義務を担保するため**（秘密情報を不正使用させないため）に存在します。

　例えば、金融機関で就労していた従業員が全く異なる業種に転職した場合には、秘密保持義務の対象となる情報の不正利用は通常は想定しえませんが、他方で全く同じような金融機関で（しかも同じような顧客（個人の富裕層等））の場合は、退職前の情報を使用することが同じ水準の給与の支給を受ける上での有力な手段であることから、秘密情報の不正使用の蓋然性が高いと言えます。競業を禁止することはこのように間接的に秘密保持義務を担保する制度としての機能を有しています。

　このような担保としての位置づけから、訴訟において同義務の有効性に関しては、**秘密保持義務を遵守するために最小限の制度・運用になっているか**が検証されます。

図 7-1　制度の関係

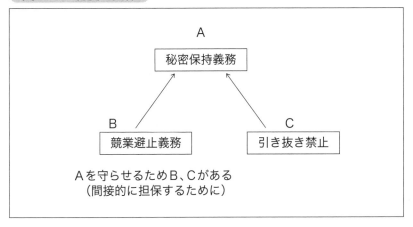

有効性の判断のポイントは以下のとおりです。

(1)　総合判断になること

　労働契約終了後においては信義則に基づく競業避止義務は通常はなく、別途の労働契約上の合意が必要となり、その上で当該合意による退職後の競業避止義務については、退職者の職業選択（転職）の自由（憲法 22 条 1 項）に**直接的な制限**を及ぼすものであることから、合意の締結によって直ちに有効となるものではなく、有効性は①使用者の正当な利益、②従業員の地位や職務内容、③競業制限の対象職種・期間・地域、④代償措置（機密保持手当、退職金等）等を**総合考慮**の上、厳格に判断されます（フォセコ・ジャパン・リミテッド事件・奈良地判昭和 45 年 10 月 23 日、トータルサービス事件・東京地判平成 20 年 11 月 18 日労判 980 号 56 頁）。

各項目	方向性
正当な利益	・具体的か ・企業固有の知識・秘密か
地位	・使用者の正当な利益を尊重しなければならない職務・地位にあったか（役員や部長等の企業の中核人材かあるいは一般社員や非正規社員か）
競業の範囲 期間 地理的範囲	・広範か、影響の大きい業務に限定しているか ・情報の陳腐化のスピードに比して不当に長くないか
代償措置	・労働に対する対価以外に何らかの対価を支給しているか、その金額

(2)　一般的な情報は該当しない

　上記①は、不正競争防止法上の営業機密に該当しない企業機密・ノウハウ等も秘密保持義務の対象になりえますが、競業避止義務特約の有効性の判断においては**契約で記載すれば全て対象になるものではありません**。

　例えば、従業員が業務に従事すれば取得可能な一般的技術・技能はこれに該当しません（アートネイチャー事件・東京地判平成 17 年 2 月 23 日労判 902 号 106 頁、東京高判平成 21 年 5 月 27 日・判例秘書未掲載）。

(3)　期間等は最小限の設計になっているかがポイント

　上記③も使用者の正当な利益を保護するために必要な範囲に限られますが、保護の対象となる秘密や情報の種類によって有効性の範囲は異なってきます。

⑺　競業の範囲

　最も問題となるのは、競業行為の範囲です。実際の訴訟においては、限定の範囲、限定の明示の有無、会社の営む業務内容、同業他社間での移籍が一般的か等が有効性の評価の要素になります。

　例えば、トーレラザールコミュニケーションズ（競業避止仮処分）事件・東京地決平成 16 年 9 月 22 日労判 882 号 19 頁では、同社は医療品広告・媒体戦略、医薬品の販売、資材の企画・製作、医学学術サポート等を主たる事業としていたところ、競業避止義務を求める業務が、**広告業務一般ではなく、医療用医薬品の周知・販促に向けられたものであり、かつ 5 業務に限定された**点を有効性を肯定する事実として評価し、有効性を肯定しています。

⑷　時間的範囲

　時期的範囲は、陳腐化の早い情報であれば、短期間の規制が求められ、他方で普遍性が高い情報であれば、ある程度長期の規制も許容されえます。

⑼　地理的範囲

　地域的範囲については、顧客の維持等を目的とするのであれば、自ずと使用者の営業範囲に限定されることが多いですが、他方で技術的な情報であれば地域的な限定はなくても有効性は否定されない方向に働くと思われます。

　この点について、ヤマダ電機（競業避止違反条項）事件・東京地判平成 19 年 4 月 24 日労判 942 号 39 頁では、ヤマダ電機（現・ヤマダデンキ）が全国展開するという事業内容からして、地理的な制限がないことも過度に広範ではないと評価しています。

(4)　代償措置は必須ではないこと

　裁判例においては、代償措置が必要であると指摘するもの（関東工業事件・東京地判平成 24 年 3 月 13 日労経速 2144 号 23 頁）が存在するものの、他方、代償措置がない競業避止特約について有効性を肯定したものもあり（ケプナー・トリゴー日本事件・東京地判平成 6 年 9 月 29 日、ヤマダ電機（競業避止条項違反）事件・東京地判平成 19 年 4 月 24 日労判 942 号 39 頁）、この点について裁判例上は**絶対的な要件とは評価されていません。**

　ただし、少なくとも今後の制度設計の段階では、有効要件と評価する裁判例があることを念頭に、財源の限度で設計を検討することが肝要です。

2　引き抜き禁止規定の活用

　上記のような競業禁止特約がなくても、退職後の競業行為等が違法と評価される場合には不法行為が成立します。もっとも、従業員は職業選択の自由の保障を受けるべきですので、**競業に従事すること自体は直ちに違法ではなく、**正当な競争の範囲を逸脱と評価される場合に限って不法行為が成立します。

　典型的には、退職者による従業員の引き抜きが問題になります。

(1)　退職後の引き抜き

　退職後に、誰を自社で雇用するかは営業の自由（憲法 22 条）に属する行為であり、直ちには違法とは評価されませんが、退職後の行為でも悪性の高い場合、例えば、①不公正な方法で引き抜く（虚偽の情報を流す等）、②会社の企業情報を持ちだす、顧客基盤を壊す等の不

当な目的で引き抜きが行われた場合には、違法と評価される余地があります。

　また、この違法性の判断においては、引き抜かれた従業員が実際に退職に至る理由（企業内紛争の有無等、引き抜きが全ての理由ではないか等）、退職から引き抜きまでの期間等も考慮される可能性があります。

　違法性の判断は上記のとおりですが、実際には事後対応ではなく禁止行為を具体的に明示した禁止規定を設けた上で周知することで、予防することが重要です。

⑵　社内調査で確認すべき事実

　上記のように引き抜きの場合には通常の活動の範疇を超えた社会的相当性を逸脱したものかを検討する必要がありますので、**引き抜き行為の具体的な態様**を認定する必要があります。

　引き抜きに関するメールや、アクセス可能な限度で引く抜き行為を受けた従業員にヒアリングを実施します。

著　者

横山　直樹（よこやま　なおき）

石嵜・山中総合法律事務所パートナー弁護士

2006 年慶応義塾大学法学部政治学科卒業、2008 年慶応義塾大学法科大学院修了、2009 年司法修習終了（新 62 期）。第一東京弁護士会所属。経営法曹会議会員。主な執筆として『自然災害発生・感染症流行時の労務リスク低減のポイント』（労働新聞社・2020 年）、『割増賃金の基本と実務（第 2 版）』（中央経済社・2020 年・共著）、「企業経営と固定残業代制度」（労働新聞連載 2020 年 1〜3 月）、「近時の 3 つの最高裁判決にみる定額残業代制」（ビジネス法務・2018 年 11 月号）、『過重労働防止の基本と実務』（中央経済社・2018 年・共著）、対談「労働者側弁護士×使用者側弁護士が語る労働紛争における和解選択・交渉の着眼点」（ビジネス法務・2018 年 10 月号）、「従業員の健康管理をめぐる会社の責任と実務対応（下）」（SMBC 経営懇話会・2017 年・共著）、『フロー＆チェック労務コンプライアンスの手引』（新日本法規出版・2014 年・共著）、『労働行政対応の法律実務』（中央経済社・2014 年・共著）などがある。

労務不祥事の社内調査ハンドブック　　令和3年12月30日　初版発行

 日本法令 ®

〒101-0032
東京都千代田区岩本町1丁目2番19号
https://www.horei.co.jp/

検印省略

著　者　横　山　直　樹
発行者　青　木　健　次
編集者　岩　倉　春　光
印刷所　日　本　ハ　イ　コ　ム
製本所　国　　宝　　社

（営　業）　TEL　03-6858-6967　　Eメール　syuppan@horei.co.jp
（通　販）　TEL　03-6858-6966　　Eメール　book.order@horei.co.jp
（編　集）　FAX　03-6858-6957　　Eメール　tankoubon@horei.co.jp

（バーチャルショップ）　https://www.horei.co.jp/iec/
（お詫びと訂正）　https://www.horei.co.jp/book/owabi.shtml
（書籍の追加情報）　https://www.horei.co.jp/book/osirasebook.shtml

※万一、本書の内容に誤記等が判明した場合には、上記「お詫びと訂正」に最新情報を掲載
　しております。ホームページに掲載されていない内容につきましては、FAXまたはE
　メールで編集までお問合せください。